생활 속의
감정평가

생활 속의
감정평가

ⓒ 권익재, 2025

개정판 1쇄 발행 2025년 1월 28일

지은이   권익재
펴낸이   이기봉
편집   좋은땅 편집팀
펴낸곳   도서출판 좋은땅
주소   서울특별시 마포구 양화로12길 26 지월드빌딩 (서교동 395-7)
전화   02)374-8616~7
팩스   02)374-8614
이메일   gworldbook@naver.com
홈페이지 www.g-world.co.kr

ISBN   979-11-388-3949-5 (13320)

생활 속의 감정평가

감정평가사
권익재 지음

감정평가란 용어 자체는 생소할 수 있지만, 부동산 보유세의 기준이 되는 기준시가, 보상금액, 상속·증여 재산가액, 재개발구역 내 종전자산 및 현금 청산금액, 담보금액, 경매 최초법사가 등 우리의 생활 속에서 밀접한 관계를 갖고 있다. 생활 속에서 어떤 목적으로 감정평가를 하는지 기술하여 부동산 활동에 조그만 도움이 되었으면 한다.

좋은땅

들어가며

    1997년 대학을 졸업하고 감정평가업계에 줄곧 몸담고 있다. 20여 년 넘게 성실히 일하고 있으니 감정평가에 대해 자신 있다고 자부하여야 하나 여전히 어려운 것은 부동산 자체가 개별성이 강하며 법률과 세무, 금융 등 다양한 분야와 연관되어 있고, 감정평가사가 결정한 감정평가액이 이해당사자에게 가장 민감하기 때문일 것이다.

    처음 감정평가업계에 근무할 때에는 감정평가사의 사회적 인지도가 다른 자격증에 비해 낮았으나 현재는 학생들의 진로 상담에도 감정평가사가 추천된다고 하니 많이 대중화되었다.

    감정평가사의 주요 업무는 토지 등의 평가 대상물건에 대한 가격(정확히 표현하면 평가 목적에 부합하는 가치)을 결정하는 것이다. 2006년 이후 부동산 거래금액이 등기부등본에 기재되며, 국토교통부에서 아파트, 빌라 등의 실거래가를 제공하고 있는 등 가격을 산정하는 것이 그리 어려운 일이 아니라고 생각될 수 있다. 하지만 처방전 없이 간단한 소화제, 두통약, 감기약 등을 사서 먹는다고 하여 스스로 의사라고 할 수 없듯이, 가격형성요인이 단순한 아파트, 빌라 등의 가격을 유추한다고 하여 부동산 가격을 결정하는 일이 쉽다고 볼 수 없을 것이다. 감정평가사는 부동산 등의 가격 산정의 전문가이며, 감정평가사에 의해 산정된 감정평가액은 가격의 정보 제공 외에도 외부적으로 공신력이 인정되고 그에 따른 책임도 발생한다. 또한 아파트 등 가격형성요인이 단순한 부동산 외에도 도로, 구거, 하천 등 시장성이 없는 특수부동산이나 영업권, 특허권 등의 무형자산, 미지급용지 등 전문적인 지식을 필요로 하는 분야가 있으며, 산정된 감정평가액은 이해당사자에게 가장 민감한 부분으로 많은 민원도 제기되는 등 감정평가사 업무가 그리 만만한 것은 아닌 것으로 생각된다.

감정평가는 단순히 평가 대상이 어느 정도 가격인지를 알아보기 위해 진행되지 않는다. 평가 대상에 대하여 보상, 담보, 경매, 소송 등 평가 목적을 명확히 규정하여 그 목적에 부합하는 감정평가액이 결정된다. 즉 감정평가는 필수적 필요에 의해 이루어지며, 공시지가, 보상, 증여 및 상속 등 각 평가목적은 우리의 일상생활에 밀접한 영향을 미치고 있다. 일상생활에서 어떤 목적으로 감정평가가 이루어지고 있는지 설명하면 필요에 따른 부동산 활동에 다소 도움이 되지 않을까 하는 마음으로 글을 쓰게 되었다.

글의 주안점이 감정평가의 목적이므로 평가기법이나 방법 등에 대해서는 구체적으로 기술하지 않았다. 다만 지금까지 감정평가를 하며 우리 일상과 관련 있다고 생각되는 부분(예를 들면 임대차보호법, 보상지역에서 대리인 선정 여부 등)은 개략적으로 연관하여 언급하였으니 실제 생활에 적용해 보면 어떨까 생각한다.

글의 순서는 감정평가의 이해와 감정평가를 하는 목적에 대하여 개략적으로 기술하여 Ⅰ장, Ⅱ장을 구성하였고 감정평가 목적 중 우리 생활에 밀접한 영향을 미친다고 생각되는 공시업무, 담보, 보상, 주택재개발/주택재건축을 Ⅲ~Ⅵ장까지 별도의 장으로 구성하였다. 공시업무와 관련하여서는 부동산 관련 세금, 담보는 임대차계약, 보상은 주민들이 갖는 의문 사항, 주택재개발/주택재건축은 사업의 전반적인 이해를 진행과정과 연관시켜 기술하여 나름대로 차별화에 노력하였다. 하지만 글을 쓰는 역량이 부족하고, 감정평가 외의 영역은 일반인 수준과 유사하며, 부동산 관련 제도가 수시로 변경되므로 내용에 오류가 있을 수 있으니 의사를 결정할 때에는 반드시 재확인하고 진행하길 바란다.

목차

II. 감정평가의 업무(목적별 감정평가)

III. 부동산 가격공시제도

IV. 담보평가

V. 보상평가

VI. 주택재개발. 주택재건축 관련 감정평가

I. 감정평가 개관

1997년 감정평가업계에 처음 입사하여 근무할 당시에는 감정평가에 대한 사회적 인식이 낮아 보석감정사, 병아리감별사 등과 같이 오해하는 이들도 있었다. 하지만 부동산이 우리 생활에 차지하는 비중이 확대되고, 감정평가 업무가 언론에 자주 노출되어 최근에는 학생 진로 상담에 감정평가사가 포함되는 등 그 위상이 많이 향상되었다.

이 장은 감정평가의 기본적인 사항에 대해 이해를 돕기 위해 기술하였다.

감정평가란

　지금의 감정평가사는 종전 토지평가사제도와 공인감정사제도가 일원화되어 1990년 제1회 감정평가사 시험이 시행된 후 현재에 이르고 있으며, 감정평가란 "토지 등의 경제적 가치를 판단하여 그 결과를 가액으로 표시하는 것"으로 정의된다.

　토지 등이란 감정평가의 대상으로, 감정평가 및 감정평가사에 관한 법률 제2조 1항에서는 토지 및 그 정착물, 동산, 그 밖의 대통령령으로 정하는 재산과 이들에 관한 소유권 외의 권리를 말한다고 규정하고 있다. 감정평가 대상은 토지·건물, 아파트 등의 부동산 및 기계기구, 자동차, 선박, 항공기, 수목 등의 유형자산과 주식, 유가증권, 어업권, 권리금, 무형자산(영업권, 특허권, 상표권 등), 불용품 등 다양하나, 문화재, 골동품, 그림 등 특수한 시장에서 형성되는 물품은 제외한다.

　경제적 가치를 판단하는 것은 평가대상과 관련하여 물리적, 법률적, 경제적 측면이 있으며 감정평가사는 경제적 측면의 전문성을 부여받고 수행하고 있다. 물론 경제적 측면의 가치를 판단하기 위해서는 물리적이나 법률적으로 적법성 및 가능성 등의 판단이 선행되어야 하며 이와 관련하여 관련 전문가의 도움을 받기도 한다. 감정평가는 물리적, 법률적 상황을 고려하여 최종적으로 경제적 측면에서 가격형성요인을 분석하여 가치를 결정한다. 가격형성요인 분석은 가격 결정을 위한 필수적 절차로 감정평가사의 재량적 성격에 포함되나 재량의 범위는 시장상황이나 상식적인 수준 등의 범위 내에서 결정되어야 할 것이다.

가격형성요인 중 토지 형상의 예를 살펴보자.

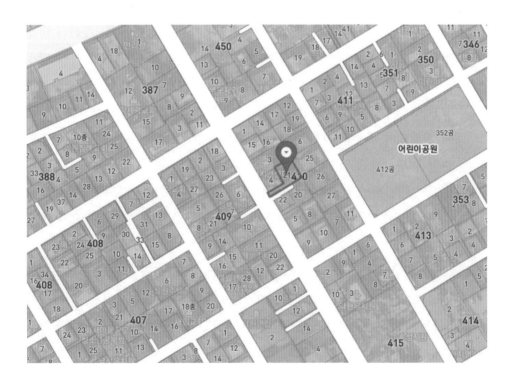

410-21은 자루형 토지다. 앞 토지인 410-4 토지와 비교하였을 때 형상에서 감가하여야 할 것으로 보인다. 어느 정도 감가할 것인지는 통상 시장에서 자루형 토지의 가격 격차율 범위 내에서 담당평가사가 결정할 사항으로, 자

루형 토지에 대한 감가율은 지역이나 위치, 이용상황 등의 개별적 특성에 따라 달리 적용될 것이다. 일단 도면상 용도지역 및 주위환경으로 보아 주거지역이니 경험적으로 주거지역 내 자루형 토지는 15% 내외 수준에서 감가되므로 이 범위에서 결정하면 타당해 보인다. 하지만 주거지역이 아닌 농경지대 농지라면 그보다 격차가 낮을 것이며, 상업지역의 상업지대라면 격차가 클 것이다. 또한 소유자가 동일하거나 410-4와 함께 개발할 계획이 있다면 굳이 자루형 형태라고 감가를 많이 할 필요가 없을 것이다.

감정평가액은 이처럼 가격결정 과정상 다양한 가격형성요인을 비교·분석하고 판단하여 결정한다. 감정평가사 시험에서는 가격형성요인의 판단에 대하여 그 수치가 제시되어 결과에 대해 오답을 판정할 수 있으나, 현실에서는 담당평가사가 이를 분석하여 판단·결정하므로 담당평가사에 따라 다소 차이가 발생하는 것은 당연하며 이에 따라 감정평가액이 달리 산정된다. 참고로 통상 감정평가액 차이가 인정되는 범위는 10% 수준이다. 보상평가에서는 감정평가액 격차가 10% 이상이면 재평가를 시행하여야 하며 감정평가에 대한 타당성 검토 등이 진행되며, 「상속세 및 증여세법」에서는 감정평가액으로 재산을 평가할 경우 관할 세무서장 또는 지방국세청장이 별도로 감정평가를 의뢰하여 산정된 경우에는 기존 감정평가액이 새로 산정된 감정평가액의 100분의 80에 미달하는 등의 경우 당초 감정기관을 1년의 범위에서 시가불인정 감정기관으로 지정할 수 있다.

감정평가 타당성 조사에 따른 징계를 받거나 시가불인정 기관으로 지정되면 향후 해당되는 법인은 나른 업무를 수주하는 네 엄청난 불이익이 발생하므로, 담당평가사는 합리적 가치판단을 위해 여러 요인을 분석하고 다른 동료평가사의 의견 등을 듣고 결정하며, 그에 대한 심사 평가사의 심사나 법인 내 심사 등을 거치고 있다.

그 결과를 가액으로 표시하는 것은 감정평가의 최종 결과물은 감정평가액으로 결정된다는 것이다. 감정평가사들이 결정한 김징평가액은 가격과 다소 구분되는 가치의 개념으로 표현된다. 가격은 교환의 대가로 실제 지불한 구체화된 과거의 값으로 한 가지 금액으로 정해져 있으나 가치는 장래 기대되는 편익을 현재의 값으로 동일한 부동산이라 하더라도 평가목적에 따라 가치가 달리 적용될 수 있는 등 가치의 다양성이 인정된다.

면적이 같고 관리상태가 유사하는 등 제반 가격형성요인이 동일한 집합건물 4개 호수를 예를 들어 가격과 가치의 개념 차이를 기술해 본다.

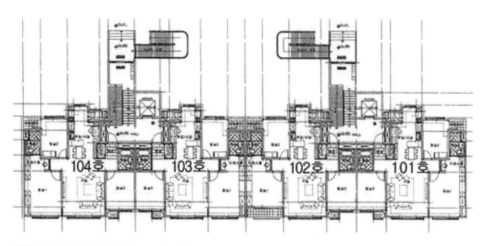

호수	소유자	가격(거래내역)		가치(24.08.01 기준 감정평가액)			
		거래시점	금액	담보	경매	종전자산	보상 (현금청산)
101호	A	24.05.07	95백	91백	97백	90백	97백
102호	B	24.04.20	92백	91백	97백	90백	97백
103호	C	24.05.09	97백	91백	97백	90백	97백
104호	D	24.04.25	94백	91백	97백	90백	97백

각 호수별 거래시점에서 다소 차이가 있으나 그에 따른 시장상황의 변동이 없다고 하면 거래당사자 간의 협상력, 상황 등에 따라 거래가격에 다소 차이가 있으므로 각 호수의 거래금액은 모두 적정한 가격으로 인정된다. 하지만 감정평가사가 평가 목적과 기준시점이 동일하게 감정평가 할 경우 가격형성요인이 동

일한 4개 호수의 거래된 가격 차이를 감정가액에 반영하여 결정하는 것이 합당할까. 높게 거래된 C 소유자는 거래가격을 반영해야 한다고 의견을 제시할 것으로 보이나 담당평가사는 이를 반영할 수 없을 것이다. 이해를 돕기 위해 가격 격차가 낮은 것으로 예시하였지만 실제 거래가격의 격차는 훨씬 크며 심지어 더 좋은 부동산이 매도자의 상황 등에 따라 급매라는 형태로 더 낮게 거래되기도 한다. 상기 예처럼 가격과 감정평가액의 가치는 차이가 있다. 또한 감정평가의 목적에 따라 감정평가액도 다르게 결정된다. 담보 목적은 담보물의 환가성 등을 고려하여 다소 보수적으로, 경매는 시가 수준으로, 재건축이나 재개발 등의 종전자산 산정은 균형성 등이 중시되며, 보상의 경우에는 개발이익을 배제한 시가 수준으로 결정된다. 따라서 동일한 부동산이라 하더라도 각 목적별 감정평가액의 차이가 있는 등 평가 목적에 따른 가치의 다양성이 존재한다.

가격(價格), 가치(價値), 시가(時價) 등의 개념적 차이가 있으나 이하에서는 별도의 구분 없이 가격을 감정평가에서 가장 널리 쓰이는 시장가치(통상적인 시장에서 충분한 기간 동안 거래를 위하여 공개된 후, 그 대상물건의 내용에 정통한 당사자 사이에 신중하고 자발적인 거래가 있을 경우 성립될 가능성이 가장 높다고 인정되는 대상물건의 가액)로 기술한다. 다만 부동산 가격공시제도로 고시한 표준지공시지가, 개별공시지가, 표준주택공시가격, 개별주택가격, 공동주택가격과 보상 관련 보상금액은 일반적인 시장가치와 다소 차이가 있으므로 가격과 구분하여 기준시가(시가표준액)와 보상액으로 구분하였다.

감정평가사는 가격을 창출하는 것이 아니라 시장에서 형성되는 가격수준을 기초하여 여러 가격형성요인을 비교·분석하여 특정 금액으로 감정평가액을 결정한다. 감정평가액을 적정한 범위로 제시하는 것이 특정 금액을 제시한 것보다 합리성이 더 담보될 수 있다고 생각되나 이는 감정평가에 대한 책임이 다소 경감되었으면 하는 개인 평가사의 희망을 내포할 뿐이다. 감정평가액을 일정 범위로 제시하면 의뢰인에게 또 다른 판단의 여지가 발생하는 등 감정평가서를 직접 활용하기에는 어려움이 있을 것으로 보이기 때문이다.

감정평가사는 기본적으로 시장에서 거래된 자료를 활용하여 가치형성요인을 비교·분석하여 감정평가액을 결정하므로 사례의 선정과 가치형성요인의 판단이 중요한 요인이며 이러한 판단은 감정평가사마다 다소 차이가 발생할 수 있다. 따라서 보상, 현금청산 평가 등 이해관계가 대립되는 감정평가의 경우 2곳 이상에서 감정평가 하여 산술 평균하도록 규정되어 있는 것이 아닌가 생각해 본다.

개인적으로 감정평가는 토지 등의 평가대상에 대하여 평가 목적에 부합하는 가격 산정을 위해 가격형성에 미치는 요인을 분석하여 감정평가액을 결정하는 것을 말하며, 그 결정된 감정평가액은 대외적인 공신력을 갖고 있으며 감정평가액이나 감정평가서에 대하여는 담당평가사 및 담당평가사가 속하는 법인에서 책임을 진다 할 것이다.

감정평가사의 윤리와 책임

감정평가의 결과는 국가와 개인 등 이해당사자 간의 재산권에 큰 영향을 미치므로 감정평가사는 가치판단의 전문가로서 사회적 · 경제적으로 책임이 막중하며 그에 따라 높은 윤리성이 강조된다. 이를 담보하기 위해 「감정평가 및 감정평가사에 관한 법률」 제25조(성실의무 등) 및 제28조(손해배상책임), 제28조의2(감정평가 유도 · 요구 금지) 등 법적으로 강제하고 있다.

감정평가의 책임은 감정평가 최종 결과인 금액만을 가지고 논할 수 없으며 감정평가 과정의 위법 및 부당, 고의, 과실 등의 하자와 이에 따른 감정평가의 결과에 의해 판단되며, 그 결과에 대한 책임은 손해배상과 감정평가사를 관리 · 삼독하는 국토교동부의 징세가 내표적이라 할 것이다.

감정평가 책임과 관련하여 기억에 남는 사건은 1994년 **리조트 관련 담보평가 건이다. 개략적인 내용은 **리조트에서 시행하는(현 시점에서 PF(Project Financing) 관련) 스키장 등의 리조트 개발 사업부지에 대해 담보 목적으로 519억으로 평가하였으며 이 감정평가액을 근거로 200억 정도 금융기관에서 내출이 진행되었다. **리조트 사업이 경영상의 이유로 이자 등을 변제하지 못해 해당 물건이 경매가 진행되었다. 하지만 경매를 통해서도 금융기관에서 대출금액을 회수하지 못해 감정평가를 시행한 곳을 상대로 손해배상을 청구하여 손해배상액이 97억 수준으로 확정 판결된 사건이다. 손해배상액이 97억 수준으로 결정되었다 하여 감정평가에 중대한 하자가 있다고 볼 수 있을지는 의문이다. 감정평가의 하자 정도에 따라 그에 대한 책임 비율이 결정되지만, 감정평가액이 크면 감정평가 하자에 대한 책임 비율이 낮더라도 손해배상액 자체가 크게 산정된다. 즉 감정평가액 자체가 손해배상액 산정에 큰 요인으로 작용하기 때문이다. 참고적으로 **리조트 관련 당시 감정평가 수수료는 모르겠으나 519억에 대한 현시점의 수수료율을 기준할 경우 3천3백만 원 수준이다. 수수료 3천3백만 원을 받고 97억을 배상한 전대미문의 사건이니 잊을 수가 없다. 감정평가 수수료 요율의 높고 낮음을 얘기하는 것이 아니라 감정평가 결과에 대한 책임이 엄중하다는 것을 말하고 싶다.

감정평가 결과 손해배상책임에 대해 좀 더 기술하면, 손해배상책임의 요건은 「감정평가 및 감정평가사에 관한 법률」 제28조(손해배상책임) 1항 "감정평가법인등이 감정평가를 하면서 고의 또는 과실로 감정평가 당시의 적정가격과 현저한 차이가 있게 감정평가하거나 감정평가 서류에 거짓을 기록함으로써 감정평가 의뢰인이나 선의의 제3자에게 손해를 발생하게 하였을 때에는 감정평가업자는 그 손해를 배상할 책임이 있다"라고 규정하고 있다.

**리조트 관련하여서도 법원이 담보를 목적으로 한 감정평가의 과실을 인정한 사례이다. 손해배상은 주로 민간부분의 담보 목적에서 발생하며 담보평가에서도 전체 감정평가의 결과 1% 미만 발생하는 것으로 알고 있으며, 평가 대상이 대부분 임야나 농경지를 택지조성이나 리조트사업 등으로 개발을 진행하는 과정에서 발생하는 것으로 보인다. 담보 목적의 경우 감정평가액이 낮으면 대출이 실행되지 않거나 실행되더라도 부동산 가격에 비해 대출금액 자체가 낮으니 채권회수가 가능해 문제 될 여지가 낮으나, 감정평가액이 높을 경우 부실채권 발생에 따른 손해배상 책임이 발생할 수 있으니 담보 목적의 감정평가액은 다른 목적의 감정평가에 비해 가격을 보수적으로 접근할 수밖에 없다. 담보

외에 민간영역에서 감정평가 결과에 따라 손해 등이 발생하기 어렵다고 보는 것은 상속·증여 등의 목적으로 개인이 의뢰하여 감정평가 하는 경우 감정평가서를 납품하기 전에 의뢰인에게 어느 정도의 감정평가액을 제시하므로 감정평가액이 의뢰인이 생각하는 금액과 차이가 많이 나는 경우 굳이 감정평가 수수료를 납부하고 감정평가서를 발급받을 이유가 없다.

경매의 경우에는 법원에서 선정된 감정인이 결정한 최초법사금액에 대해 입찰자가 입찰하기 전에 충분히 사전 조사하여 입찰금액을 결정하므로 최초 감정평가액을 이유로 실제 손해를 입증하기는 어려울 것으로 보인다.

공적영역의 대표적인 손실보상의 경우에는 협의, 재결, 이의재결, 보상금 증감소송의 일련의 절차를 통해 보상금액이 결정되므로 각 단계에서 고의·과실 등에 과오가 있으면 향후 절차에서 조정된다. 감정평가의 고의·과실 등 과오에 대해서는 국토교통부의 타당성 조사를 통해 판단한다.

감정평가사는 감정평가의 중요성 및 그에 대한 막중한 책임을 알기에 각 건마다 적정성 여부 및 오류가 없는지 등을 면밀히 검토하여 결정하며, 이를 심사평가사가 검토하고 심사한다. 또한 평가목적이나 감정평가 금액 등이 일정한 조건을 충족한 경우 각 법인의 심사제도 및 협회 심사제도를 시행·운영하고 있으며 감정평가사를 관리·감독하는 국토교통부에서도 감정평가 타당성조사 등을 통해 공정한 감정평가가 될 수 있도록 하고 있다.

감정평가사는 이상적으로 객관적이고 공정한 감정평가가 이루어졌다 하더라도 이해당사자 간의 첨예한 내립이 있는 경우 모두를 만족시킬 수 있는 결과를 도출하기에는 거의 불가능에 가깝다는 것을 알고 있기에 민원을 제기하는 민원인에게 약자의 입장이 된다. 또한 감정평가 과정상 고의나 위법한 사항에 대해서는 당연히 그에 대한 책임을 져야겠지만 사소하거나 경미하다 하더라도 일단 국토교통부의 징계가 있으며 징계를 받은 감정평가사는 소속된 법인에서 자의든, 타의든 퇴사할 수밖에 없는 현실이다. 이러한 사족을 남기는 것은 감정평가사의 권한과 그에 대한 책임, 처벌 등이 엄격하다는 것을 말하고 싶어서이다.

감정평가 절차 및 소요기간

　감정평가를 효율적으로 처리하기 위해 기본적 사항의 확정, 처리계획의 수립, 대상물건의 확인, 자료수집 및 정리, 자료검토 및 가치형성요인의 분석, 감정평가방법의 선정 및 적용, 감정평가액의 결정 및 표시의 통상적인 절차를 규정하고 있다. 실무적으로도 감정평가의 업무 범위를 확정하고 분쟁을 예방하기 위해 의뢰인, 대상물건, 감정평가 목적, 기준시점, 감정평가 조건, 기준가치, 필요시 관련 전문가에 대한 자문 또는 용역에 관한 사항, 감정평가 수수료 및 실비의 청구와 지급에 관한 사항 등 기본적 사항의 내용을 확정하여 접수하고 관련 공부 등의 서류를 발급받고 사전 자료를 검토하고 현장 실사에 임하여 해당 물건에 대하여 구체적으로 확인, 조사하며, 이를 토대로 사무실에서 재검토하여 감정평가액을 결정한 후 감정평가서를 발송하는 절차이니 이론적인 절차와 큰 차이가 없다.

　경험적으로 감정평가 절차보다는 소요기간에 대한 문의를 많이 듣는다. 감정평가사 간에 비슷한 능력을 갖고 있다고 보이므로 대략적인 소요기간은 대규모 택지개발이나 대량 평가 등의 특수한 상황이 아닌 경우는 휴일을 포함한 7일 이내로 가능하다. 참고로 금융기관의 담보의 경우 3일 이내로 처리하는 것이 기본이다. 부동산을 제외한 영업권, 특허권 등의 무형자산의 경우 부동산 가격 조사보다 훨씬 많은 자료를 준비하고 조사해야 하므로 최소 휴일을 포함한 14일 정도로 보인다. 이는 절대적인 소요시간이 아니므로 단순히 참고하고 현업에서는 의뢰인이 요청하는 시점까지 감정평가서를 납품하고자 최대한 노력을 하니 소요기간에 대해서는 사전에 조율하면 될 듯하다. 다만 대규모 평가, 무형자산 등의 특수 평가 등의 경우 절대적인 업무시간이 필요하므로 감정평가서를 필요로 하는 시점까지 납품 받으려면 사전에 미리 협의하는 절차가 필요한 것으로 보인다.

감정평가 업무 내용

「감정평가 및 감정평가사에 관한 법률」 제10조에서 규정한 감정평가업자의 업무는

1. 「부동산 가격 공시에 관한 법률」에 따라 감정평가법인 등이 수행하는 업무
2. 「부동산 가격 공시에 관한 법률」 제8조 제2호에 따른 목적을 위한 토지 등의 감정평가
3. 「자산재평가법」에 따른 토지 등의 감정평가
4. 법원에 계속 중인 소송 또는 경매를 위한 토지 등의 감정평가
5. 금융기관 · 보험회사 · 신탁회사 등 타인의 의뢰에 따른 토지 등의 감정평가
6. 감정평가와 관련된 상담 및 자문
7. 토지 등의 이용 및 개발 등에 대한 조언이나 정보 등의 제공
8. 다른 법령에 따라 감정평가법인 등이 할 수 있는 토지 등의 감정평가
9. 제1호부터 제8호까지의 업무에 부수되는 업무로 규정하고 있다.

실무적 관점에서 평가의뢰 기관은 관공서 등의 공적부분과 금융기관 등의 민간부분으로 구분되며 모두 필요에 의해 감정평가를 시행하고 있다. 다만 개인의 경우 상속·증여를 위한 재산가액 산정, 법인전환을 위한 현물출자 등 구체적인 목적을 확정하고 감정평가 의뢰하여야 한다. 감정평가 목적을 확정하지 않고 평가 의뢰하는 경우에는 감정평가서가 어떻게 활용될지 불확실하여 많은 제약사항이 있다. 평가목적은 보상, 담보, 상속·증여, 경매, 공매, 현물출자 등 필요에 따라 다양하다. 평가의뢰는 일반적으로 업무를 추진하는 쪽에서 감정평가기관을 선정하며 그에 따른 수수료를 부담하나 보상이나 경매, 소송 등 이해당사자 간 이해가 대립하는 경우 공정성을 위해 한국감정평가사협회나 시도지사 추천, 법원에 등록된 감정인 등 별도의 선정기관을 통해 감정평가 기관을 선정하도록 규정하고 있어 감정평가의 중립성, 공정성, 객관성 등을 확보하고자 한다. 별도의 선정기관을 통해 감정평가기관이 선정되어도 수수료는 통상 평가의뢰(사업시행자)가 부담한다.

　실무적인 감정평가 업무에 대해서는 'Ⅱ. 감정평가의 업무(목적별 감정평가)'에서 보다 상세히 기술하였다.

부동산(감정평가) 관련 공부

　부동산의 종류는 부동산가격 산정 과정(감정평가 방법)에 따라 집합건물과 그 외 부동산으로 구분할 수 있다. 집합건물이란 한 동의 건물에서 구조상 구분된 몇 개의 부분이 독립된 건물로 사용될 수 있어 구분 소유권의 객체가 될 수 있는 건물로, 아파트, 다세대주택, 오피스텔 등 몇 동 몇 호로 각 호수별로 소유권의 객체가 된다. 집합건물은 구분소유권의 대상이 되는 건물부분과 그 대지사용권을 일괄하여 거래되므로 토지·건물 일체로 한 비교방식이 주 방식이다.

　집합건물 외 부동산은 토지, 건물 개별 부동산으로 토지, 건물 각각 소유권의 객체가 되며 단독주택 등이 있다. 토지는 비교방식인 공시지가기준법, 건물은 원가방식이 주 방식이다.

　부동산 관련 공부는 토지이용계획확인원, 등기사항전부증명서, 토지대장, 건축물관리대장 등이 있으며 집합건물과 그 외 부동산의 구분에 따라 우선적으로 검토되어야 할 공부가 있다.

토지 · 건물 개별 부동산 관련 공부

토지이용계획확인서

　토지이용계획확인서란 해당필지의 용도지역, 지구, 구역, 도시계획시설 등 토지의 공법적 사항을 기재하는 공부로 개발행위를 제한하거나 토지이용과 관련된 인 · 허가 등을 받도록 하는 등 토지의 이용 및 보전에 관한 제한과 관련한 지정 내용 등을 확인하는 공적 서류를 의미하며, 토지의 용도변경 여부, 용적률, 건폐율 등을 확인할 수 있다.

　모든 토지는 「국토의 계획 및 이용에 관한 법률」에 따른 용도지역이 정해져 있으며, 이외 도시정비사업 관련 등 타 법령에 해당되는 내용도 토지이용계획확인서에 기재되므로 토지의 행정적 사항은 이를 통해 확인한다.

　토지의 특성상 토지의 자체에서 발생하는 수익은 미미하고 토지상에 건축된 건물에 의해 수익이 발생하므로 건물을 신축할 수 있는 면적이 용도지역에 의해 결정되므로 용도지역이 토지가격형성에 매우 중요한 요인이다. 감정평가를 위한 거래사례나 비교표준지 선정기준도 용도지역이 최우선된다.

　예시된 토지이용계획확인서상 토지는 1종일반주거지역, 토지면적은 844㎡이나 건축 가능한 대지면적은 개략적으로 소로1류 저촉 부분(개략적으로 204㎡)을 제외한 640㎡이다. 1종일반주거지역 기준으로 적용하면 건폐율 60% 이하, 용적률 200% 이하이므로 건물의 바닥 면적은 640㎡ × 0.6(건폐율) ≒ 384㎡, 최대 가능한 건물 연면직은 640㎡ × 2(용적률) ÷ 1,280㎡이니 층수로는 1,280㎡/384㎡ ≒ 3.33이므로 3층까지 건축이 가능하다. 참고로 건물의 지층 면적은 용적률을 산정하는 면적에는 포함되지 않는다. 실제 건축할 경우에는 지자체마다 차이가 있으므로 개별적으로 확인하여 진행하여야 한다.

　토지이용계획확인서상 도면은 지적도를 기반으로 하여 도시계획시설 선 등이 표시되어 있다. 예시된 필지는 계획시설도로 소로1류에 저촉으로 토지이용계획확인서 도면에 표시되고 있으며 도시계획시설에 저촉되는 부분(약 204㎡)에는 건축행위 등을 할 수 없어 건축대지면적에서 제외하여야 하며, 향후 계획된 도로 사업이 시행되면 보상받을 부분이다.

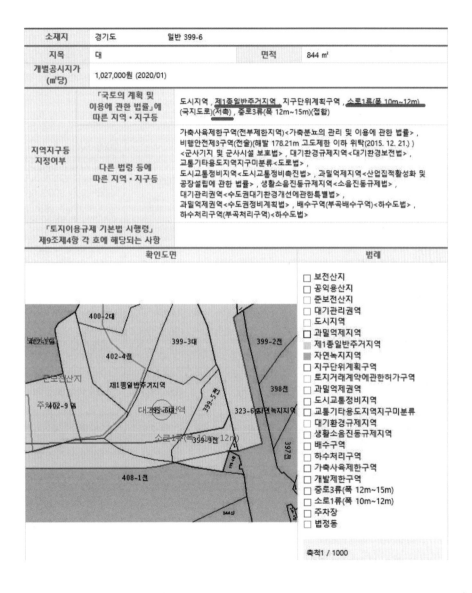

소재지	경기도	일반 399-6		
지목	대		면적	844 ㎡
개별공시지가 (㎡당)	1,027,000원 (2020/01)			
지역지구등 지정여부	「국토의 계획 및 이용에 관한 법률」에 따른 지역·지구등	도시지역 , 제1종일반주거지역 , 지구단위계획구역 , 소로1류(폭 10m~12m) (국지도로)(저촉) , 중로3류(폭 12m~15m)(접합)		
	다른 법령 등에 따른 지역·지구등	가축사육제한구역(전부제한지역)<가축분뇨의 관리 및 이용에 관한 법률> , 비행안전제3구역(전술)(해발 178.21m 고도제한 이하 위탁(2015. 12. 21.)) <군사기지 및 군사시설 보호법> , 대기환경규제지역<대기환경보전법> , 교통기타용도지역지구미분류<도로법> , 도시교통정비지역<도시교통정비촉진법> , 과밀억제지역<산업집적활성화 및 공장설립에 관한 법률> , 생활소음진동규제지역<소음진동규제법> , 대기관리권역<수도권대기환경개선에관한특별법> , 과밀억제권역<수도권정비계획법> , 배수구역(부곡배수구역)<하수도법> , 하수처리구역(부곡처리구역)<하수도법>		
	「토지이용규제 기본법 시행령」 제9조제4항 각 호에 해당되는 사항			

확인도면 / 범례

□ 보전산지
□ 공익용산지
□ 준보전산지
□ 대기관리권역
□ 도시지역
□ 과밀억제지역
■ 제1종일반주거지역
■ 자연녹지지역
□ 지구단위계획구역
□ 토지거래계약에관한허가구역
□ 과밀억제권역
□ 도시교통정비지역
□ 교통기타용도지역지구미분류
□ 대기환경규제지역
□ 생활소음진동규제지역
□ 배수구역
□ 하수처리구역
□ 가축사육제한구역
□ 개발제한구역
□ 중로3류(폭 12m~15m)
□ 소로1류(폭 10m~12m)
□ 주차장
□ 법정동

축척1 / 1000

「국토의 계획 및 이용에 관한 법률」에 따른 용도지역별 건폐율, 용적률

용도지역			건폐율		용적률	
			법 제77조	시행령 제84조	법 제78조	시행령 제85조
도시 지역	주거 지역	1종전용주거	70% 이하	50% 이하	500% 이하	50% 이상 100% 이하
		2종전용주거				50% 이상 150% 이하
		1종일반주거		60% 이하		100% 이상 200% 이하
		2종일반주거				100% 이상 250% 이하
		3종일반주거		50% 이하		100% 이상 300% 이하
		준주거		70% 이하		200% 이상 500% 이하
	상업 지역	중심상업	90% 이하	90% 이하	1,500% 이하	200% 이상 1,500% 이하
		일반상업		80% 이하		200% 이상 1,300% 이하
		근린상업		70% 이하		200% 이상 900% 이하
		유통상업		80% 이하		200% 이상 1,100% 이하
	공업 지역	전용공업	70% 이하	70% 이하	400% 이하	150% 이상 300% 이하
		일반공업				150% 이상 350% 이하
		준공업				150% 이상 400% 이하
	녹지 지역	보전녹지	20% 이하	20% 이하	100% 이하	50% 이상 80% 이하
		생산녹지				50% 이상 100% 이하
		자연녹지				
관리 지역	보전관리		20% 이하	20% 이하	80% 이하	50% 이상 80% 이하
	생산관리					
	계획관리		40% 이하	40% 이하	100% 이하	50% 이상 100% 이하
농림지역			20% 이하	20% 이하	80% 이하	50% 이상 80% 이하
자연환경보전지역			20% 이하	20% 이하	80% 이하	50% 이상 80% 이하

* 지자체별 조례 별도 확인

토지·건물 등기사항전부증명서

토지·건물의 등기사항전부증명서는 부동산의 표시 외에 소유권, 지상권, 지역권, 전세권, 저당권 등의 권리관계에 대하여 기록하는 공적 서류를 말하

며, 이를 통하여 소유권, 권리사항 등을 확인할 수 있다. 다만 우리나라에서는 등기사항전부증명서상 공신력을 인정하지 않고 있으므로 유의하여야 한다. 소유권의 변동이 있는 경우 등기신청 후 일반건축물대장 및 토지(임야)대장에 변경 신청을 하므로 소유권 확인은 등기사항전부증명서가 우선한다.

등기부등본은 표제부(부동산의 표시), 갑구(소유권에 관한 사항), 을구(소유권 이외의 권리에 관한 사항), 주요 등기사항 요약으로 구성되어 있으며, 표제부에는 소재지, 지목, 면적, 구조 등 부동산의 기본적 사항이 기재되어 있다. 이 부분은 토지대장과 건축물관리대장과 상이할 수 있으며, 기본적 사항 변경은 토지대장이나 건축물대장이 우선 반영된 후 등기부등본에 변경되므로 기본적 사항이 서로 상이할 경우에는 토지대장이나 건축물관리대장이 우선이다.

갑구란은 소유권에 관한 사항으로 기본적으로 소유자에 대한 인적사항이 기재되며, 압류, 가등기, 경매개시결정 등기, 예고등기, 가처분등기 등의 내용이 기재된다. 참고로 2006년 1월 1일 이후 등기원인이 매매계약인 경우에 거래금액도 기재된다. 을구란은 소유권 이외의 권리에 관한 사항으로 근저당권, 지상권, 지역권, 전세권 등의 소유권 이외 권리사항에 대해 기재된다. 마지막으로 주요 등기사항 요약은 등기부등본에 기재된 주요 등기사항을 요약하여 정리한 부분으로 2008년 12월부터 등기부등본을 쉽게 이해할 수 있도록 시행하였다.

등기부등본에 기재되는 권리

구분	기재되는 권리
표제부	부동산 표시의 등기(사실의 등기)
갑구	소유권에 관한 사항(소유권, 압류, 가압류, 가처분등기, 가등기, 환매등기 등)
을구	소유권 이외의 권리에 관한 사항(저당권등기, 근저당권, 지상권, 전세권 등)
주요 등기사항 요약	소유지분현황 등 갑구, 을구 요약 내역 기재

소유권은 그 소유물을 사용, 수익, 처분할 권리이나, 법률의 범위 내에서 행

사한다.

압류는 민사소송법에서 집행기관에 의하여 채무자의 특정 재산에 대한 처분이 제한되는 강제집행이며, 압류재산에 대하여는 처분권이 상실된다.

가압류는 채무자의 재산이 은폐 또는 매각에 의하여 없어질 우려가 있는 경우에 강제집행을 보전하기 위하여 그 재산을 임시로 압류하는 법원의 처분을 말한다.

가처분등기는 특정 부동산에 대하여 각종 청구권을 가지고 있는 채권자가 장래의 집행 보전을 위하여 현재의 상태로 현상을 유지하거나 고정할 필요가 있을 때 하는 등기이다.

가등기는 본 등기를 할 법적인 요건이 충족되지 않으나 필요에 따라 임시로 기재하는 등기이다.

환매등기란 부동산 소유권을 타인에게 넘기지만 차후 매도인이 소유권을 다시 가져올 수 있다는 의사를 등기로 남기는 것으로 부동산의 환매기간은 5년을 넘지 못한다.

저당권과 근저당권은 채권자가 채무자의 부동산을 담보로 돈을 빌려줄 때 설정하는 것으로 저당권은 금액이 고정되어 있지만 근저당권은 채권최고액 설정액을 한도로 채권액이 변경될 수 있는 차이가 있으며, 대부분 근저당권 형태로 대출이 실행되고 있다.

지상권은 타인의 토지에 건물이나 공작물, 수목 등을 소유하기 위해 그 토지를 사용할 수 있는 용익물권이다.

전세권은 전세금을 지급하고 타인의 부동산을 점유하여 그 용도에 따라 사용할 수 있는 용익물권이다. 다만, 주택이나 상가의 경우 「주택임대차보호법」이나 「상가임대차보호법」 적용의 대상이 되면 전세권 설정 없이도 물권이 될 수 있다.

등기부등본 예

[토지] 경기도 이천시

<table>
<tr><th colspan="6">【 표 제 부 】 (토지의 표시)</th></tr>
<tr><th>표시번호</th><th>접 수</th><th>소 재 지 번</th><th>지 목</th><th>면 적</th><th>등기원인 및 기타사항</th></tr>
<tr><td>1
(전 2)</td><td>1980년4월3일</td><td>경기도 이천군</td><td>대</td><td>634㎡</td><td></td></tr>
<tr><td></td><td></td><td></td><td></td><td></td><td>부동산등기법 제177조의 6
제1항의 규정에 의하여
2000년 07월 08일 전산이기</td></tr>
<tr><td>2</td><td></td><td>경기도 이천시</td><td>대</td><td>634㎡</td><td>1998년3월1일
행정구역명칭변경으로
인하여
2000년9월22일 등기</td></tr>
</table>

<table>
<tr><th colspan="5">【 갑 구 】 (소유권에 관한 사항)</th></tr>
<tr><th>순위번호</th><th>등 기 목 적</th><th>접 수</th><th>등 기 원 인</th><th>권리자 및 기타사항</th></tr>
<tr><td>1
(전 2)</td><td>소유권이전</td><td>1980년4월3일
제4771호</td><td>1965년6월4일
매매</td><td>소유자

법률제3094호에의하여 등기</td></tr>
<tr><td></td><td></td><td></td><td></td><td>부동산등기법 제177조의 6 제1항의 규정에
의하여 2000년 07월 08일 전산이기</td></tr>
<tr><td>2</td><td>소유권이전</td><td>2008년12월8일
제60184호</td><td>2008년11월17일
증여</td><td>소유자 조
경기도 이천시</td></tr>
<tr><td>2-1</td><td>2번등기명의인표시
변경</td><td></td><td>2011년10월31일
도로명주소</td><td>조 의 주소 경기도 이천시
2013년8월21일 부기</td></tr>
<tr><td>3</td><td>소유권일부(9분의1)
가처분</td><td>2009년2월26일
제8510호</td><td>2009년2월26일
수원지방법원
여주지원의</td><td>피보전권리 유류분반환청권에 의한
소유권이전등기말소등기청구권
채권자</td></tr>
</table>

[토지] 경기도 이천시

순위번호	등 기 목 적	접 수	등 기 원 인	권리자 및 기타사항
			가처분결정(200 9카단)	
				금지사항 매매, 증여, 전세권, 저당권, 임차권의 설정 기타일체의 처분행위 금지
4	3번가처분등기말소	2009년12월9일 제67886호	2009년12월9일 해제	
5	압류	2012년9월5일 제43462호	2012년9월5일 압류(재산세과-)	권리자 국 처분청 이천세무서
6	5번압류등기말소	2013년8월20일 제36948호	2013년8월20일 해제	
7	압류	2018년3월14일 제10337호	2018년3월13일 압류(세무과)	권리자 이천시
8	압류	2019년8월1일 제33902호	2019년7월31일 압류(재산세과- 티)	권리자 국 처분청 이천세무서장
9	임의경매개시결정	2019년8월1일 제34023호	2019년8월1일 수원지방법원 여주지원의 임의경매개시결 정(2019타경)	채권자 박

【 을 구 】	(소유권 이외의 권리에 관한 사항)			
순위번호	등 기 목 적	접 수	등 기 원 인	권리자 및 기타사항
1	근저당권설정	2013년4월11일 제15180호	2013년4월11일 설정계약	채권최고액 금26,000,000원 채무자 근저당권자

[토지] 경기도 이천시

순위번호	등 기 목 적	접 수	등 기 원 인	권리자 및 기타사항
				공동담보 건물 경기도 이천시
2	근저당권설정	2013년7월9일 제30456호	2013년7월9일 설정계약	채권최고액 금26,000,000원 채무자 근저당권자 공동담보 건물 경기도 이천시
3	근저당권설정	2013년8월19일 제36695호	2013년8월19일 설정계약	채권최고액 금15,000,000원 채무자 근저당권자 공동담보 건물 경기도 이천시
4	근저당권설정	2013년10월17일 제44566호	2013년10월17일 설정계약	채권최고액 금105,000,000원 채무자 근저당권자 공동담보 건물 경기도 이천시
5	1번근저당권설정, 2번근저당권설정, 3번근저당권설정 등기말소	2013년10월17일 제44647호	2013년10월17일 해지	
6	4번근저당권설정등 기말소	2017년11월14일 제48996호	2017년11월14일 해지	
7	근저당권설정	2017년11월14일 제48996호	2017년11월13일 설정계약	채권최고액 금130,000,000원 채무자 이

[토지] 경기도 이천시

순위번호	등 기 목 적	접 수	등 기 원 인	권리자 및 기타사항
				근저당권자 박 공동담보 건물 경기도 이천시
8	전세권설정	2017년11월28일 제52098호	2017년11월28일 설정계약	전세금 금25,000,000원 범 위 토지의 전부 존속기간 2017년11월28일부터 2018년5월28일까지 전세권자 정 공동전세 건물 경기도 이천시

-- 이 하 여 백 --

관할등기소 수원지방법원 이천등기소

주요 등기사항 요약 (참고용)

고유번호 1344-1996-4.

[토지] 경기도 이천시 .

1. 소유지분현황 (갑구)

등기명의인	(주민)등록번호	최종지분	주　　　　　소	순위번호
조　　(소유자)		단독소유	경기도 이천시	2

2. 소유지분을 제외한 소유권에 관한 사항 (갑구)

순위번호	등기목적	접수정보	주요등기사항	대상소유자
7	압류	2018년3월14일 제10337호	권리자 이천시	조
8	압류	2019년8월1일 제33902호	권리자 국	조
9	임의경매개시결정	2019년8월1일 제34023호	채권자 박	조

3. (근)저당권 및 전세권 등 (을구)

순위번호	등기목적	접수정보	주요등기사항	대상소유자
7	근저당권설정	2017년11월14일 제48996호	채권최고액 금130,000,000원 근저당권자 박	조
8	전세권설정	2017년11월28일 제52098호	전세금 금25,000,000원 전세권자 정	조

[참 고 사 항]

가. 등기기록에서 유효한 지분을 가진 소유자 혹은 공유자 현황을 가나다 순으로 표시합니다.
나. 최종지분은 등기명의인이 가진 최종지분이며, 2개 이상의 순위번호에 지분을 가진 경우 그 지분을 합산하였습니다.
다. 지분이 통분되어 공시된 경우는 전체의 지분을 통분하여 공시한 것입니다.
라. 대상소유자가 명확하지 않은 경우 '확인불가'로 표시될 수 있습니다. 정확한 권리사항은 등기사항증명서를 확인하시기 바랍니다.

[건물] 경기도 이천시 .

【 표 제 부 】	(건물의 표시)			
표시번호	접　수	소재지번 및 건물번호	건 물 내 역	등기원인 및 기타사항
1 (전 1)	1979년12월31일	경기도 이천군	새마을돌조 후형가와즙 평가건주택 건평 22평 8작	도면편철장 제5책 제965장
				부동산등기법 제177조의 6 제1항의 규정에 의하여 2000년 07월 08일 전산이기
2		경기도 이천시	새마을돌조 후형가와즙 평가건주택 건평 22평 8작	1996년3월1일 행정구역명칭변경으로 인하여 2000년9월22일 등기 도면편철장 제5책 제965장
3		경기도 이천시 [도로명주소] 경기도 이천시 .	새마을돌조 후형가와즙 평가건주택 건평 22평 8작	도로명주소 2012년9월3일 등기 도면편철장 제5책 제965장

【 갑 　 구 】	(소유권에 관한 사항)			
순위번호	등 기 목 적	접　수	등 기 원 인	권리자 및 기타사항
1 (전 1)	소유권보존	1979년12월31일 제16337호		소유자
				부동산등기법 제177조의 6 제1항의 규정에 의하여 2000년 07월 08일 전산이기
2	소유권이전	2008년12월8일 제60184호	2008년11월17일 증여	소유자 조 경기도 이천시 ＿ ＿ ＿ ＿ ＿

[건물] 경기도 이천시

순위번호	등 기 목 적	접 수	등 기 원 인	권리자 및 기타사항
3	소유권일부(9분의1) 가처분	2009년2월26일 제8510호	2009년2월26일 수원지방법원 여주지원의 가처분결정(2009카단)	피보전권리 유류분반환청구권에 의한 소유권이전등기말소등가처분청구권 채권자 금지사항 매매, 증여, 전세권, 저당권, 임차권의 설정 기타일체의 처분행위 금지
4	3번가처분등기말소	2009년12월9일 제67886호	2009년12월9일 해제	
5	압류	2012년9월5일 제43462호	2012년9월5일 압류(재산세과)	권리자 국 처분청 이천세무서
6	5번압류등기말소	2013년8월20일 제36948호	2013년8월20일 해제	
7	압류	2018년3월14일 제10337호	2018년3월13일 압류(세무과)	권리자 이천시
8	임의경매개시결정	2019년8월1일 제34023호	2019년8월1일 수원지방법원 여주지원의 임의경매개시결정(2019타경)	채권자 박

【 을 구 】 (소유권 이외의 권리에 관한 사항)				
순위번호	등 기 목 적	접 수	등 기 원 인	권리자 및 기타사항
1	근저당권설정	2013년4월11일 제15180호	2013년4월11일 설정계약	채권최고액 금26,000,000원 채무자 근저당권자

[건물] 경기도 이천시

순위번호	등 기 목 적	접 수	등 기 원 인	권리자 및 기타사항
				공동담보 토지 경기도 이천시
2	근저당권설정	2013년7월9일 제30466호	2013년7월9일 설정계약	채권최고액 금28,000,000원 채무자 근저당권자 공동담보 토지 경기도 이천시
3	근저당권설정	2013년8월19일 제36895호	2013년8월19일 설정계약	채권최고액 금15,000,000원 채무자 근저당권자 공동담보 토지 경기도 이천시
4	근저당권설정	2013년10월17일 제44566호	2013년10월17일 설정계약	채권최고액 금105,000,000원 채무자 근저당권자 공동담보 토지 경기도 이천시
5	1번근저당권설정, 2번근저당권설정, 3번근저당권설정 등기말소	2013년10월17일 제44647호	2013년10월17일 해지	
6	4번근저당권설정등기말소	2017년11월14일 제48996호	2017년11월14일 해지	
7	근저당권설정	2017년11월14일 제48996호.	2017년11월13일 설정계약	채권최고액 금130,000,000원 채무자 이 근저당권자 박 _

[건물] 경기도 이천시 .

순위번호	등 기 목 적	접 수	등 기 원 인	권리자 및 기타사항
				공동담보 토지 경기도 이천시
8	전세권설정	2017년11월28일 제52098호	2017년11월28일 설정계약	전세금 금25,000,000원 범위 건물의 전부 존속기간 2017년11월28일부터 2018년5월28일까지 전세권자 정 공동전세 토지 경기도 이천시

-- 이 하 여 백 --

관할등기소 수원지방법원 이천등기소

주요 등기사항 요약 (참고용)

고유번호 1344-1996-

[전물] 경기도 이천시

1. 소유지분현황 (갑구)

등기명의인	(주민)등록번호	최종지분	주　　　소	순위번호
조　　(소유자)		단독소유	경기도 이천시	2

2. 소유지분을 제외한 소유권에 관한 사항 (갑구)

순위번호	등기목적	접수정보	주요등기사항	대상소유자
7	압류	2018년3월14일 제10337호	권리자　이천시	조
8	임의경매개시결정	2019년8월1일 제34023호	채권자　박정신	조

3. (근)저당권 및 전세권 등 (을구)

순위번호	등기목적	접수정보	주요등기사항	대상소유자
7	근저당권설정	2017년11월14일 제48996호	채권최고액　금130,000,000원 근저당권자　박	조
8	전세권설정	2017년11월28일 제62098호	전세금　금25,000,000원 전세권자　정	조

[참 고 사 항]
가. 등기기록에서 유효한 지분을 가진 소유자 혹은 공유자 현황을 가나다 순으로 표시합니다.
나. 최종지분은 등기명의인이 가진 최종지분이며, 2개 이상의 순위번호에 지분을 가진 경우 그 지분을 합산하였습니다.
다. 지분이 통분되어 공시된 경우는 전체의 지분을 통분하여 공시한 것입니다.
라. 대상소유자가 명확하지 않은 경우 '확인불가' 로 표시될 수 있습니다. 정확한 권리사항은 등기사항증명서를 확인하시기
　　바랍니다.

경매나 공매 등의 부동산 투자나 임대차계약을 할 경우 등 부동산 활동의 범위에 따라 필요한 부동산 권리분석 정도의 차이가 있을 수 있으나 기초적인 부동산 권리분석의 이해를 갖고 있는 것이 부동산 활동에 다소 도움 된다고 생각되어 경매가 진행된 토지·건물 등기부등본을 예시하였다.

부동산이 경매로 낙찰되면 그 부동산에 존재하던 권리가 대부분 소멸되나 일부 남아 낙찰자가 인수하는 권리가 있으므로, 경매 입찰자는 낙찰 후에 인수해야 하는 권리가 있는지 파악해야 하는데 이를 권리분석이라 하며 말소기준권리가 핵심이다.

말소기준권리란 부동산경매에서 부동산이 낙찰될 경우, 그 부동산에 존재하던 권리가 소멸하는지, 그렇지 않고 낙찰자에게 인수되는가를 판단하는 기준이 되는 권리를 말한다. 말소기준권리가 될 수 있는 권리는 저당권, 근저당권, 압류, 가압류, 담보가등기, 강제경매개시결정등기의 6가지 권리이며 이 권리 중 등기부에 가장 먼저 기입된 것이 말소기준권리가 된다. 말소기준권리를 기준하여 소멸하거나 인수하는 권리로 구분하며 말소기준권리 이후에 설정된 권리는 모두 소멸되나, 말소기준권리 이전에 대항력을 갖춘 임차인, 지상권, 가처분, 가등기 등은 낙찰자에게 모두 인수되므로 경매 진행 시 유의하여야 한다.

예시된 등기부등본을 기준하여 단순한 권리분석 및 배당순서를 기재하였으며 최초 법사가격은 150,000,000원 수준이며 이해를 돕기 위해 낙찰가격 130,000,000원으로 가정한다.

권리분석			배당순서			
권리자	등기일자	비고	순서	배당자	예상배당액	비고
조**	2008.12.08	소유자	1		3,000,000	경매비용
박**	2017.11.14	근저당권자 (말소기준등기)	2	박**	127,000,000	근저당권
전**	2017.11.28	전세권 (말소)				

이천시	2018.03.14	압류 (말소)				
국	2019.08.1	압류 (말소)				

경매가 진행되는 위 등기부등본의 경우 말소기준권리는 최우선순위로 설정된 2017년 11월 14일 근저당권이므로 이후 설정된 전세권(전세권의 범위가 전부로 나오므로 다른 임차인이 없는 것으로 봄) 등은 말소되어 서류상으로만 보면 낙찰자가 인수해야 할 권리는 보이지 않는다. 전세권자는 근저당권 설정 이후 전세권을 설정하였으므로 대항력이 없어 근저당권 이후에 배당받을 수 있다. 130,000,000원에 낙찰되면 배당금액에서 전세금액을 받지 못해 전세권자는 피해를 본다. 다만 전세권자가 주택임대차보호법 적용의 대상(전입, 점유, 확정일자 등)이 되는 소액임차인이면 근저당설정일인 2017년 11월 14일을 기준으로 최우선변제금에 해당되는 금액을 우선하여 변제받을 수 있다. 최우선변제금을 수령할 수 있는 것은 전세권 설정이 아니라 주택임대차보호법 요건에 해당한다는 전제이므로 유의 바란다.

주택임대차보호법 및 상가임대차보호법에 대하여는 담보평가에서 좀 더 기술하도록 한다.

토지(임야)대장

토지(임야)대장은 토지의 소재, 지번, 지목, 면적 등 토지의 사실관계를 기재하는 공적 서류를 말하며 토지 등기사항전부증명서 부동산의 표시 근거가 된다. 토지(임야)의 지목, 면적 등 상황 변동이 발생한 경우 먼저 토지(임야)대장을 변경한 뒤에 등기 변경 신청하므로 토지의 사실관계는 토지 등기사항전부증명서에 비해 토지대장이 우선한다.

고유번호	4161013500-10381		토지 대장		도면번호	13	발급번호	20204161C-0C371-3245
토지소재	경기도 광주시 탄벌동				장번호	1-1	처리시각	16시 28분 05초
지번	3	축척	1:1200		비고		발급자	인터넷민원

토지표시

지목	면적(㎡)	사유
(08) 다	*480*	(20) 2003년 07월 14일 분할되어 본번에 -1을 부함
		--- 이하 여백 ---

소유자

변동일자 / 변동원인	성명 또는 명칭	주소	등록번호
2010년 09월 14일 (03) 소유권 이전	경기도	ㅋ	
		--- 이하 여백 ---	

등급수정 년월일 (기준수확량등급)	1986. 08. 01. 수정	1987. 04. 16. 수정	1990. 01. 01. 수정	1991. 01. 01. 수정	1992. 01. 01. 수정	1993. 01. 01. 수정	1994. 01. 01. 수정	1995. 01. 01. 수정
토지등급	131	136	153	159	168	175	182	189
개별공시지가기준일	2014년 01월 01일	2015년 01월 01일	2016년 01월 01일	2017년 01월 01일	2018년 01월 01일	2019년 01월 01일	2020년 01월 01일	용도지역 등
개별공시지가(원/㎡)	950400	969900	998400	1041000	1040000	1050000	1050000	

토지대장에 의하여 작성한 등본입니다.
2020년 9월 1일
경기도 광주시장

◆ 본 증명서는 인터넷으로 발급되었으며, 정부24(gov.kr)의 인터넷발급문서진위확인 메뉴를 통해 위·변조 여부를 확인할 수 있습니다. (발급일로부터 90일까지)

위에서 보듯이 소재지, 지번, 축척, 지목, 면적(㎡), 토지변동 사유, 소유자 인적사항, 개별공시지가(원/㎡) 등이 기재된다. 토지등급은 부동산 가격공시법 시행 이전 제도로 현재에는 개별공시지가로 대체되었다.

일반건축물관리대장

건물의 소재지, 번호, 종류, 구조, 면적, 소유자의 주소 등을 등록하여 건물의 상황을 명확하게 하는 서류로 건축물관리대장에 등록된 부동산에 관한 상황은 건물 등기사항전부증명서 부동산 표시의 근거가 된다. 따라서 건물의 상황에 변동이 발생한 경우 먼저 일반건축물관리대장을 변경한 뒤에 등기 변경 신청을 하므로 건물의 물적 사항에 대하여는 건물 등기사항전부증명서에 비해 일반건축물관리대장이 우선한다.

■ 건축물대장의 기재 및 관리 등에 관한 규칙 [별지 제1호서식] <개정 2018. 12. 4.>

일반건축물대장(갑)

(2쪽 중 제1쪽)

고유번호	4146125325-1-062		명칭		호수/가구수/세대수	0호/1가구/0세대
※대지위치	경기도 용인시	※지번	621-6	도로명주소	경기도 용인시	
※대지면적 490㎡	연면적 198㎡	※지역 준농림		※지구		※구역
건축면적 99㎡	용적률 산정용 면적 198㎡	주구조 철근콘크리트구조		주용도 단독주택, 창고		층수 지하 층/지상 2층
※건폐율 20.2%	※용적률 40.4%	높이		지붕 스라브		부속건축물
※조경면적 ㎡	※공개 공지·공간 면적 ㎡	※건축선 후퇴면적 ㎡		※건축선 후퇴거리		m

		건축물 현황			소유자 현황			
구분	층별	구조	용도	면적(㎡)	성명(명칭) 주민(법인)등록번호 (부동산등기용등록번호)	주소	소유권 지분	변동일 변동원인
주1	1층	철근콘크리트구조	창고	99		경기도 용인시	1/1	2017.09.27 소유권이전
주1	2층	철근콘크리트구조	주택	99				
		- 이하여백 -				- 이하여백 -		
					※ 이건축물대장은 현소유자만 표시한 것입니다.			

이 등(초)본은 건축물대장의 원본내용과 틀림없음을 증명합니다.

발급일: 2020년 09월 01일
담당자:
전 화:

용인시 처인구청장

※ 표시 항목은 총괄표제부가 있는 경우에는 기재하지 않을 수 있습니다.

297㎜×210㎜[백상지 80g/㎡] 또는 중질지(80g/㎡)]

(2쪽 중 제2쪽)

고유번호	4146125325-1-0621 0006		명칭		호수/가구수/세대수	0호/1가구/0세대
대지위치	경기도 용인시	지번	621-6	도로명주소	경기도 용인시	

구분	성명 또는 명칭	면허(등록)번호		※주차장				승강기		허가일	
건축주	최		구분	옥내	옥외	인근	면제	승용 대	비상용 대	착공일	1996.04.26
설계자			자주식	대 ㎡	대 ㎡	대 ㎡		※하수처리시설		사용승인일	1996.09.30
공사감리자								형식 접촉폭기방법		관련 주소	
공사시공자 (현장관리인)			기계식	대 ㎡	대 ㎡	대 ㎡		용량 10인용		지번	

※제로에너지건축물 인증		※건축물 에너지효율등급 인증		※에너지성능지표 (EPI)점수	※녹색건축 인증		※지능형건축물 인증		
등급		등급		점	등급		등급		
에너지자립률 %		에너지절감률(또는 1차에너지 소요량) %(kw/h)		※에너지소비총량 kw/h	인증점수	점	인증점수	점	도로명
유효기간:		유효기간:			유효기간:		유효기간:		

내진설계 적용 여부		내진능력		특수구조 건축물	특수구조 건축물 유형	
지하수위 G.L m		기초형식		설계지내력(지내력기초인 경우) t/㎡	구조설계 해석법	

		변동사항			
변동일	변동내용 및 원인		변동일	변동내용 및 원인	그 밖의 기재사항
2011.10.05	건축물대장 기초자료 정비에 의거 (표제부(용적률 산정용 연면적:'0' -> '198')) 직권변경				
2017.12.11	2017.12.11. 용인시 조례 제144호에 의하여 행정구역 변경 - 이하여백 -				

※ 표시 항목은 총괄표제부가 있는 경우에는 기재하지 않을 수 있습니다.

대지위치, 지번, 도로명주소, 대지면적, 연면적, 건축면적, 건폐율, 구조, 주용도, 지역, 구역, 건축물 현황, 소유자 현황, 설계자, 주차장, 허가일, 착공일, 사용승인일에 대한 변동내용 및 원인 등이 기재된다.

일반건축물대장에 기재된 대지면적은 토지의 지적면적과 개념이 다르며, 토지 지적면적과 차이가 날 수 있다. 대지면적이란 건축법상 건축할 수 있는 대지의 면적을 말하는 것으로 건축허가에 미달하는 도로후퇴선 지적면적이나 완충녹지 부분, 계획시설 도로, 공원 등 저촉되는 부분의 지적면적은 대지면적에서 제외된다.

지적(임야)도

토지의 소재지, 지번, 지목, 축척, 형상, 경계 등을 확인하는 평면 도면을 의미한다.

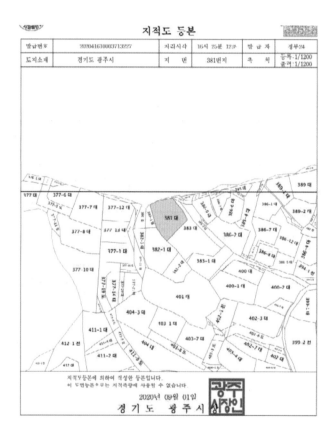

소재지, 지번, 축척, 도면 등이 제시되며, 현장조사 시 인근 필지와의 경계, 도로 상황, 형상 등을 확인한다.

집합건물의 경우

집합건물 등기사항전부증명서

집합건물은 통상「집합건물의 소유 및 관리에 관한 법률」의 적용 대상 부동산으로 집합건물은 동법률의 적용 대상인 1동의 건물 중 구조상 구분된 수 개의 부분이 독립한 건물로서 사용될 수 있는 건물을 말하며 집합건물에 대해서는 집합건물의 1개 호수별로 별도의 등기사항전부증명서를 발급받을 수 있으며 부동산의 표시 및 전유부분의 내용과 소유권 등의 권리사항을 표시하고 있다. 집합건물 등기부등본 또한 1동 건물의 표시와 대지권의 목적인 토지의 표시, 전유부분의 건물의 표시, 대지권의 표시인 표제부, 소유권에 관한 사항인 갑구, 소유권 이외의 권리에 관한 사항인 을구, 주요 등기사항 요약(참고용)으로 구성된다.

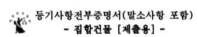

등기사항전부증명서(말소사항 포함)
- 집합건물 [제출용] -

고유번호 2842-2019

[집합건물] 경기도 구리시

【 표 제 부 】		(1동의 건물의 표시)		
표시번호	접 수	소재지번,건물명칭 및 번호	건 물 내 역	등기원인 및 기타사항
1	2019년4월24일	경기도 구리시 [도로명주소] 경기도 구리시	철근콘크리트구조 (철근)콘크리트지붕 8층 업무시설및근린생활시설 1층 1555.68㎡ 2층 922.5555㎡ 3층 922.5555㎡ 4층 922.5555㎡ 5층 922.5555㎡ 6층 922.5555㎡ 7층 922.5555㎡ 8층 789.1375㎡ 지1층 1788.765㎡ 지2층 1739.155㎡ 지3층 1287.772㎡	

		(대지권의 목적인 토지의 표시)		
표시번호	소 재 지 번	지 목	면 적	등기원인 및 기타사항
1	1. 경기도 구리시	대	2265.1㎡	2019년10월25일 등기

【 표 제 부 】		(전유부분의 건물의 표시)		
표시번호	접 수	건물번호	건 물 내 역	등기원인 및 기타사항
1	2019년4월24일	제2층 제208호	철근콘크리트구조 20.0028㎡	

[인터넷 발급] 문서 하단의 바코드를 스캐너로 확인하거나, 인터넷등기소(http://www.iros.go.kr)의 발급확인 메뉴에서 발급확인번호를 입력하여 위·변조 여부를 확인할 수 있습니다. 발급확인번호를 통한 확인은 발행일부터 3개월까지 5회에 한하여 가능합니다.

[집합건물] 경기도 구리시

표시번호	대지권종류	대지권비율	등기원인 및 기타사항
	(대지권의 표시)		
1	1 소유권대지권	2265.1분의 8.4522	2019년11월5일 대지권 2019년11월5일 등기
2			별도등기 있음 1토지(갑구3번 신탁등기) 2019년11월5일 등기

순위번호	등 기 목 적	접 수	등 기 원 인	권리자 및 기타사항
	【 갑 구 】	(소유권에 관한 사항)		
1	소유권보존	2019년4월24일 제7530호		소유자 자산신탁주식회사 서울특별시
	~~신탁재산처분에의한 신탁~~			~~신탁원부 제2019-1108호~~
2	소유권이전	2019년8월7일 제15143호	2019년8월7일 신탁재산의귀속	소유자 주식회사
	1번신탁등기말소		신탁재산의 귀속	
3	소유권이전	2019년8월7일 제15144호	2019년8월7일 신탁	수탁자 자산신탁주식회사 서울특별시
	신탁			신탁원부 제2019-1599호

[집합건물] 경기도 구리시

【 을 구 】 (소유권 이외의 권리에 관한 사항)
기록사항 없음

-- 이 하 여 백 --

관할등기소 의정부지방법원 구리등기소 / 발행등기소 법원행정처 등기정보중앙관리소
수수료   1,000원 영수함

주요 등기사항 요약 (참고용)

[집합건물] 경기도 구리시

고유번호 2842-2019-

1. 소유지분현황 (갑구)

등기명의인	(주민)등록번호	최종지분	주　　　　소	순위번호
자산신탁주식회사 (수탁자)	110111-2003236	단독소유	서울특별시	3

2. 소유지분을 제외한 소유권에 관한 사항 (갑구)
- 기록사항 없음

3. (근)저당권 및 전세권 등 (을구)
- 기록사항 없음

[참 고 사 항]
가. 등기기록에서 유효한 지분을 가진 소유자 혹은 공유자 현황을 가나다 순으로 표시합니다.
나. 최종지분은 등기명의인이 가진 최종지분이며, 2개 이상의 순위번호에 지분을 가진 경우 그 지분을 합산하였습니다.
다. 지분이 통분되어 공시된 경우는 전체의 지분을 통분하여 공시한 것입니다.
라. 대상소유자가 명확하지 않은 경우 '확인불가' 로 표시될 수 있습니다. 정확한 권리사항은 등기사항증명서를 확인하시기
　　바랍니다.

　최근 집합건물 신축 시 담보신탁 등을 통해 신탁사로 보존등기가 되는 사례가 빈번하여 신탁사 소유의 집합건물 등기부등본을 예시하였다. 주요 등기사항 요약(참고용)을 보면 소유지분을 제외한 소유권에 관한 사항이나 (근)저당권 및 전세권 등 갑구나 을구란에 기재된 사항이 없어 권리관계가 깨끗한 것으로 보이지만 표제부(대지권 표시) 표시번호 2에 별도등기가 기재되어 있으므로 그 내용은 토지에 대한 개별 등기부등본을 발급받아 확인할 수 있다. 추측건대, 건축 당시 토지를 담보로 근저당을 설정한 것으로 판단된다. 신탁사 소유 집합건물의 경우 신탁회사나 관할등기소에서 신탁원부(신탁원부 제2019-1599호)를 발급받아 그 내역을 확인하여야 한다.
　「신탁법」 제22조(강제집행 등의 금지)에 의거한 신탁재산의 경우 신탁 후에는 강제집행, 담보권 실행 등을 위한 경매, 국세 등 체납 처분 등 강제집행 등을 할 수 없으며, 특히 신탁사 동의 없는 임대차계약은 법적 효력이 없으므로, 주택임대차보호법에서 규정한 최우선변제금도 적용될 수 없음에 유의할 필요가 있다.

집합건축물관리대장

  집합건물의 건축물관리대장의 경우 1동 전체의 이용상황 등 물적 현황을 표시하는 집합건축물관리대장(표제부)과 해당 전유부분의 이용상황 등 물적 현황을 표시하는 집합건축물관리대장(전유부)이 있다.

■ 건축물대장의 기재 및 관리 등에 관한 규칙 [별지 제3호서식] <개정 2018. 12. 4.>

집합건축물대장(표제부, 갑)

(2쪽 중 제1쪽)

고유번호	4131010100-3-ㅢ		명칭		호수/가구수/세대수 195호/0가구/0세대
대지위치	경기도 구리시	지번	도로명주소	경기도 구리시	
※대지면적 2,265.1㎡	연면적 12,695.8432㎡	※지역 도시지역 외 1	※지구	※구역 제1종지구단위계획구역	
건축면적 1,579.76㎡	용적률 산정용 면적 7,880.1505㎡	주구조 철근콘크리트구조	주용도 업무시설 및 근린생활시설	층수 지하 3층/지상 8층	
※건폐율 69.74%	※용적률 347.89%	높이 37.5m	지붕 (철근)콘크리트	부속건축물 동 ㎡	
※조경면적 351.44㎡	※공개 공지/공간 면적 139.82㎡	※건축선 후퇴면적 256㎡	※건축선 후퇴거리 1.5/3m		

건축물 현황					건축물 현황				
구분	층별	구조	용도	면적(㎡)	구분	층별	구조	용도	면적(㎡)
주1	지3층	철근콘크리트구조	기계식주차장	919.7363	주1	1층	철근콘크리트구조	주차램프	147.56
주1	지3층	철근콘크리트구조	기계실,전기실,발전기실	368.0356	주1	1층	철근콘크리트구조	계단실,승강기홀	113.26
주1	지2층	철근콘크리트구조	주차장	1,739.1554	주1	1층	철근콘크리트구조	자전거보관소	21.53
주1	지1층	철근콘크리트구조	주차장	1,744.5854	주1	2층	철근콘크리트구조	업무시설(오피스텔)	922.5555
주1	지1층	철근콘크리트구조	관리실/방재실,MDF실,홀	44.18	주1	3층	철근콘크리트구조	업무시설(오피스텔)	922.5555
주1	1층	철근콘크리트구조	제2종근린생활시설(일반음식점)	1,273.33	주1	4층	철근콘크리트구조	업무시설(오피스텔)	922.5555

이 등(초)본은 건축물대장의 원본내용과 틀림없음을 증명합니다.

구리시장

발급일: 2020 년 08 월 06 일
담당자:
전 화:

(2쪽 중 제2쪽)

고유번호	4131010100-3-05130000		명칭		호수/가구수/세대수 195호/0가구/0세대
대지위치	경기도 구리시	지번	도로명주소	경기도 구리시	

구분	성명 또는 명칭	면허(등록)번호	※주차장					승강기		허가일 2017.09.22
			구분	옥내	옥외	인근	면제	승용 3대	비상용 대	착공일 2017.10.19
건축주	국제자산신탁(주)	110111-2******						※하수처리시설		사용승인일 2019.04.09
설계자	(주)건축사사무소아뜰리에심원	서초구-건축사사무소-84	자주식	89대 1,483,740㎡	대 ㎡	대 ㎡		형식 하수종말처리장연결		관련 주소
공사감리자	(주)건축사사무소아뜰리에심원	서초구-건축사사무소-84								지번
공사시공자 (현장관리인)	김은수 흰일종합건설주식회사 -10-0421	용인시-토목건축공사업	기계식	91대 919.7363㎡	대 ㎡	대		용량 인용		

※제로에너지건축물 인증		※건축물 에너지효율등급 인증		※에너지성능지표 (EPI)점수	※녹색건축 인증		※지능형건축물 인증		
등급		등급		66.54점	등급		등급		
에너지자립률	%	에너지절감율(또는 1차에너지 소요량)	%(kW/h)	에너지소비총량	인증점수	점	인증점수	점	도로명
유효기간: ~		유효기간: ~		kW/h	유효기간: ~		유효기간: ~		

내진설계 적용 여부	내진능력	특수구조 건축물	특수구조 건축물 유형		
적용	VII-0.218g	해당	6개층 이상을 지지하는 기둥이나 벽체의 하중이 슬래브나 보에 전이되는 건축물		
지하수위 G.L -6.1m	기초형식	설계지내력(지내력기초인 경우) 25t/㎡	구조설계 해석법 동적해석법		

변동사항					
변동일	변동내용 및 원인	변동일	변동내용 및 원인	그 밖의 기재사항	
2019.04.09	건축과-11591(2019.4.9.)호에 따라 신축 - 이하여백 -			지역: 근린상업지역 - 이하여백 -	

※ 표시 항목은 총괄표제부가 있는 경우에는 기재하지 않을 수 있습니다.

46 생활 속의 감정평가

집합건축물대장(표제부, 을) 건축물현황

(1쪽 중 제1쪽)

고유번호	4131010100-3-05130000			명칭		호수/가구수/세대수	195호/0가구/0세대
대지위치	경기도 구리시		지번		도로명주소	경기도 구리시	

건축물현황					건축물현황			
구분	층별	구조	용도	면적(㎡)	구분	층별	구조	용도	면적(㎡)
주1	5층	철근콘크리트구조	업무시설(오피스텔)	922.5555				
주1	6층	철근콘크리트구조	업무시설(오피스텔)	922.5555				
주1	7층	철근콘크리트구조	업무시설(오피스텔)	922.5555				
주1	8층	철근콘크리트구조	업무시설(오피스텔)	789.1375				
		- 이하여백 -						

집합건축물대장(전유부, 갑)

(2쪽 중 제1쪽)

고유번호	4131010100-3-05130000			명칭		호명칭	208
대지위치	경기도 구리시		지번		도로명주소	경기도 구리시 길	

전유부분					소유자현황			
구분	층별	※구조	용도	면적(㎡)	성명(명칭) 주민(법인)등록번호 (부동산등기용등록번호)	주소	소유권 지분	변동일자 변동원인
주	2층	철근콘크리트구조	업무시설(오피스텔)	20.0028	자산신탁주식회사 110111-2******	서울특별시	1/1	2019.04.24 소유권보존
		- 이하여백 -			- 이하여백 -			

공용부분					
구분	층별	구조	용도	면적(㎡)	※ 이 건축물대장은 현소유자만 표시한 것입니다.
주	지3층	철근콘크리트구조	기계실,전기실,발전기실	1.3733	
주	각층	철근콘크리트구조	계단실,승강기홀,복도	7.6555	
주	지1~1층	철근콘크리트구조	관리실/방재실,MDF실,홀,자전거보관소	0.2452	
주	지3~1층	철근콘크리트구조	주차장	16.9821	

이 등(초)본은 건축물대장의 원본내용과 틀림없음을 증명합니다.

발급일 : 2020년 08 월 06 일

담당자 :

전 화 :

구리시장 [구리시장인]

※ 경계벽이 없는 구분점포의 경우에는 전유부분 구조란에 경계벽이 없음을 기재합니다.

고유번호			4131010100-3-05130000			명칭		호명칭	
									208
대지위치			경기도 구리시		지번		도로명주소	경기도 구리시 갈매순환로204번길 119 (갈매동)	

공 용 부 분						공동주택(아파트) 가 격 (단위 : 원)			
구분	층별	구조		용도	면적(㎡)	기 준 일		공동주택(아파트)가격	
주	2층	철근콘크리트구조		벽체	2.4233				
		- 이하여백 -							
						• 「부동산 가격공시 및 감정평가에 관한 법률」 제17조에 따른 공동주택가격만 표시됩니다.			

변동사항						
변동일	변동내용 및 원인		변동일	변동내용 및 원인		그 밖의 기재사항
2019.04.09	건축과-11591(2019.4.9.)호에 따라 신축 - 이하여백 -					

집합건물의 전체를 표시하는 집합건축물대장(표제부)은 전체 호수, 가구 수, 세대수, 대지면적, 연면적, 주용도, 각 층별 용도 및 면적, 주차장, 승강기 등이 표시된다.

전유부를 표시하는 집합건축물대장(전유부)은 해당 호수의 용도, 전유부분 및 공용부분 등이 표시되며, 전유부분이란 구분소유권의 목적인 건물 부분을 말하며, 공용부분은 전유부분 외의 건물 부분으로 복도, 계단 등이 해당된다.

이외 토지·건물 개별 부동산과 동일하게 토지이용계획확인원, 토지(임야)대장, 지적도 등의 공부 서류가 참고직으로 활용된다.

감정평가방법 개관(槪觀)

감정평가의 방법에는 통상 비용측면의 원가방식, 시장측면의 비교방식, 수익측면의 수익방식의 세 가지 방식이 있다.

원가방식

원가방식은 대상물건의 비용성에 근거하여 공급측면에서 비용과 가치의 상호관계를 파악하여 대상물건의 가치를 산정하는 방법으로 대상물건의 재조달원가에 감가수정을 하여 대상물건의 가액을 산정하는 방법이다.

> **적산가액 = 재조달원가 - 감가수정액(감가누계액)**

재조달원가란 대상물건을 기준시점에 재생산하거나 재취득하는 데 필요한 적정원가의 총액을 말하며 대상물건에서 직접 산정하는 직접법과 대상물건과 대체 가능한 유사물건에서 산정하는 간접법이 있다.

감가수정은 기준시점 현재 대상물건에 대한 재조달원가에서 감액하여야 할

요인이 있는 경우에 그에 해당하는 금액을 재조달원가에서 공제하여 기준시점에 대상물건의 가액을 적정화하는 작업을 의미하며, 대상물건의 물리적 경과 등에 따른 물리적 감가요인, 기능적 효용 변화에 따른 기능적 감가요인, 인근 환경, 시장상황 등 대상물건의 가치에 영향을 미치는 경제적 감가요인이 있다.

원가방식을 적용하여 임대료를 산정하는 방법을 적산법이라 하며, 적산법이란 대상물건의 기초가액에 기대이율을 곱하여 산정된 기대수익에 대상물건을 계속하여 임대하는 데 필요한 경비를 더하여 대상물건의 임대료를 산정하는 감정평가방법을 말한다.

적산임료 = 기초가격 × 기대이율 + 필요제경비

기초가액이란 적산법으로 감정평가 하는 데 기초가 되는 대상물건의 가치이다.
기대이율이란 기초가액에 대하여 기대되는 임대수익의 비율을 말하며 기대이율은 시장추출법, 요소구성법, 투자결합법, CAPM을 활용한 방법, 그 밖의 대체·경쟁 자산의 수익률 등을 고려하여 산정한다.
필요제경비란 임차인이 사용·수익할 수 있도록 임대인이 대상물건을 적절하게 유지·관리하는 데에 필요한 비용을 말하며 감가상각비, 유지관리비, 조세공과금, 손해보험료, 대손준비금, 공실손실상당액, 정상운영자금이자 등이 포함된다.

비교방식

시장성에 기초한 비교방식은 시장에서 거래되는 가격의 상호관계를 파악하여 대상물건의 가치를 산정하는 방식으로 토지의 감정평가에 가장 광범위하게 활용되는 공시지가기준법과 거래사례비교법이 있다.

거래사례비교법은 대상물건과 가치형성요인이 같거나 비슷한 물건의 거래사례와 비교하여 대상물건의 현황에 맞게 사정보정, 시점수정, 가치형성요인 비교 등의 과정을 거쳐 대상물건의 가액을 산정하는 방법이다.

비준가액 = 사례가격 × 사정보정 × 시점수정 × 지역요인비교 × 개별요인비교 × 면적비교

거래사례비교법의 기초가 되는 거래사례는 사례의 적정성 여부에 대해 검토하여야 하며, 정상적인 사례나 정상적인 것으로 보정이 가능한 사례, 기준시점으로 시점수정이 가능한 사례, 대상물건과 위치적 유사성이나 물적 유사성이 있어 지역요인 · 개별요인 등 가치형성요인이 비교 가능하여야 한다.

사정보정은 거래사례에 특수한 사정이나 개별적 동기가 반영되어 있거나 거래당사자가 시장에 정통하지 않은 등 수집된 거래사례의 가격이 적절하지 못한 경우에 그러한 사정이 없었을 경우의 적절한 가격수준으로 정상화하는 작업을 말한다.

시점수정은 거래된 시점과 기준시점이 불일치하여 가격 수준의 변동이 있을 경우에 거래사례의 가격을 기준시점으로 수정하는 작업이다.

가치형성요인의 비교는 거래사례와 대상물건 간에 종별, 유형별 특성에 따라 지역요인이나 개별요인 등 가치형성요인에 차이가 있는 경우에 이를 각각 비교하여 대상물건의 가치를 개별화 · 구체화하는 작업이다.

공시지가기준법은 대상토지와 가치형성요인이 같거나 비슷한 이용가치를 지닌다고 인정되는 표준지공시지가를 기준으로 대상토지의 현황에 맞게 시점수정, 지역요인 및 개별요인, 그 밖의 요인을 보정을 거쳐 대상토지의 가액을 산정하는 방법이다.

시산가액(원/㎡) =
표준지공시지가(원/㎡)× 시점수정 × 지역요인비교 × 개별요인비교 × 그 밖의 요인

비교표준지 선정기준은 용도지역·지구·구역 등 공법상 제한사항, 이용상황, 주위환경이 같거나 비슷한 것 중 인근지역에 위치하여 지리적으로 가까운 것을 선정하며, 시점수정, 지역요인비교, 개별요인비교는 거래사례비교법과 동일하다.

그 밖의 요인은 시점수정, 지역요인 및 개별요인의 비교 외에 대상토지의 가치에 영향을 미치는 요인으로 표준지공시지가 공시가격이 통상 정상적인 가격 수준보다 낮으므로 이를 보정하는 작업으로, 비교표준지 또는 대상과 유사한 거래사례나 평가사례 등을 고려하여 보정치를 산정하며 그 근거를 구체적이고 명확하게 기재하여야 한다.

임대사례비교법이란 대상물건과 가치형성요인이 같거나 비슷한 물건의 임대사례와 비교하여 대상물건의 현황에 맞게 사정보정, 시점수정, 가치형성요인 비교 등의 과정을 거쳐 대상물건의 임대료를 산정하는 감정평가방법을 말하며 거래사례비교법과 동일한 과정을 거쳐 산정된다.

> 비준임료 =
> 임대사례(실질임료) × 사정보정 × 시점수정 × 지역요인 × 개별요인비교 × 면적비교

수익방식

수익방식은 대상물건의 수익성에 기초하여 장래 산출할 것으로 기대되는 순수익이나 미래의 현금흐름을 환원하거나 할인하여 대상물건의 가격을 산정하는 방식으로 오피스빌딩이나 상가 등 수익성부동산에 적용 가능하며 투자의 적정성 분석 등에 유용하게 활용된다.

수익방식은 크게 직접환원법과 할인현금흐름분석법(DCF법)으로 구분된다. 직접환원법은 난일기간의 순수익을 적절한 환원율로 영구 환원하는 방법으

로 순수익 및 환원이율 산정이 주요 구성요소이다.

수익가액(직접환원법) = 순수익/환원이율

할인현금흐름분석법은 대상물건의 보유기간 동안 발생하는 복수기간의 순수익의 현금흐름과 보유기간 말의 복귀가액을 적절한 할인율을 적용하여 현재가치의 합으로 정하는 방법으로 순수익, 보유기간, 할인율이 주요 구성요소이다.

수익가액(DCF법) = $NOI_1/(1+r) + NOI_2/(1+r)^2 + \cdots\cdots\cdots + (NOIn+Vn)/(1+r)^n$
n : 보유기간, NOIn : n기의 순수익, r : 할인율, Vn : 보유기간말 대상부동산의 복귀가격

순수익은 보증금 운용수익, 연간 임대료 및 관리비, 기타수입을 합한 가능총수익에서 공실 및 대손충당금을 차감하여 유효총수익을 산정한 후 인건비, 수도광열비, 수선유지비, 세금·공과금, 보험료 등의 운영경비를 차감하여 산정된다.

환원율과 할인율은 개념 및 적용방법에 차이가 있으나 투자수익률, 시장금리 등의 영향에 의해 결정된다.

수익분석법은 일반기업 경영에 의하여 산출된 총수익을 분석하여 대상물건이 일정한 기간에 산출할 것으로 기대되는 순수익에 대상물건을 계속하여 임대하는 데 필요한 경비를 더하여 대상물건의 임대료를 산정하는 감정평가방법을 말한다.

수익임료 = 순임료 + 필요제경비

순수익은 대상물건의 총수익에서 그 수익을 발생시키는 데 드는 경비(매출원가, 판매비 및 일반관리비, 정상운전자금이자, 그 밖에 생산요소귀속 수익 등을

포함)를 공제하여 산정한 금액을 말하며 필요제경비에는 대상물건에 귀속될 감가상각비, 유지관리비, 조세공과금, 손해보험료, 대손준비금 등이 포함된다.

감정평가 3방식의 상호관계

원가방식은 투입된 비용, 비교방식은 시장성, 수익방식은 수익성에 기초하여 접근하는 방식으로 각각 가격의 기초가 되는 자료가 상이하나, 이상적인 시장에서 대상물건이 최유효이용(최유효이용이란 객관적으로 보아 양식과 통상의 이용능력을 가진 사람이 합리적이고, 합법적인 최고 최선의 방법으로 이용하는 것으로 부동산의 유용성이 최고로 발휘하는 것을 의미)으로 이용되고 있다면 각 방식에 의해 산정된 금액이 동일하거나 최소한 유사한 값을 가져야 한다. 하지만 부동산 시장의 불완전성 및 개별성 등의 부동산특성으로 각 방식에 의한 가격이 서로 상이하므로 각 방식에 의해 시산가격을 산정하여 상호 비교·검토할 필요성이 제기되며, 각 방식에 의해 산정된 가격은 부동산 의사결정에 활용된다. 예를 들어 빌라, 상가를 신축하여 분양할 경우 부지 매입가격과 건물 신축에 소요되는 비용의 원가금액과 인근 시장에서 분양 가능한 비교방식에 의한 가격을 비교 검토하여 신축의 타당성 여부를 판단할 수 있다. 수익성 부동산을 구입할 경우 시장성에 기초한 비교방식에 의한 가격과 임대료에 기초한 수익방식에 의한 가격을 비교하여 의사결정 하여야 할 것이다.

감정평가규칙 제12조(감정평가방법의 적용 및 시산가액 조정)에서도 주 방식에 의해 산정된 시산가액을 다른 방식에 의한 산정된 시산가액과 비교하여 합리성을 검토하도록 규정하고 있으며 실제 감정평가에도 주 방식에 의해 산정된 시산가액을 다른 방식으로 산정한 시산가액으로 적정성을 검토하고 있다.

물건별 평가방법

평가대상의 종류에 따라 「감정평가 및 감정평가사에 관한 법률」 및 감정평가 규칙, 감정평가 실무기준 등에서 평가방법의 적용에 대해 규정하고 있으며 물건별 평가방법에 대해 개략적으로 살펴본다.

토지·건물 개별부동산

단독주택 등 토지·건물로 개별 등기되어 있는 부동산의 평가방법은 통상 토지는 공시지가기준법을 포함한 비교방식, 건물은 원가방식을 적용하여 산정한 후 합산하는 방식이 주 방식이며, 토지·건물 일체로 한 비교방식이나 수익방식을 적용하기도 한다.

토지의 평가는 공시지가기준법을 기준하여 산정하며 거래사례비교법을 통해 그 적정성을 검토하고 있다. 공시지가기준법은 비교표준지 선정, 시점수정, 지역요인비교, 개별요인비교, 그 밖의 요인 보정을 절차를 거쳐 산정한다.

비교표준지는 표준지공시지가 중 평가대상에 적용할 표준지를 선정하는 것으로 선정기준은 대상과 인근지역에 있는 표준지 중에서 대상토지와 용도지역·이용상황·주변환경 등이 같거나 비슷한 표준지를 기준하여 비교표준지를 선정한다.

시점수정은 비교표준지의 고시시점은 매년 1월 1일이므로 기준시점까지의 시점을 보정하는 것으로, 「부동산 거래신고 등에 관한 법률」 제19조에 따라 국토교통부장관이 조사·발표하는 비교표준지가 있는 시·군·구의 같은 용도지역 지가변동률을 적용한다.

지역 및 개별요인 비교는 대상과 비교표준지의 지역요인 및 개별요인을 비교·검토하는 절차이다.

그 밖의 요인 보정은 매년 고시된 비교표준지는 통상 적정한 시장가치에 비해 낮으므로 대상토지와 비교표준지를 시점수정 및 지역요인, 개별요인을 적정하게 비교·검토하더라도 시장가치에 비해 낮으므로 이를 보정하는 절차로 가치형성요인이 유사한 정상적인 거래사례 또는 평가사례 등을 통해 보정한다.

거래사례비교법은 대상과 비교 가능한 거래사례를 기준하여 사정보정 및 시점수정, 지역요인, 개별요인 비교를 통해 산정하는 방법이다.

거래사례비교법에 의한 적용될 수 있는 거래사례는 「부동산 거래신고에 관한 법률」에 따라 신고된 실제 거래가격일 것, 거래사정이 정상이라고 인정되는 사례나 정상적인 것으로 보정이 가능한 사례일 것, 토지 및 그 지상건물이 일체로 거래된 경우에는 배분법의 적용이 합리적으로 가능한 사례일 것 등으로 감정평가실무기준에서 규정하고 있다. 배분법이란 거래시점 당시 토지·건물 일체로 거래된 가격을 토지가격과 건물가격으로 배분하는 절차로 공제방식, 비율방식이 있으며 배분법 적용이 곤란한 사례는 거래사례 선정에서 배제된다. 거래사례 선정과 관련하여 평가 대상이 거래된 경우, 평가 대상을 거래사례로 선정할 수 있을지 다소 의문이 생길 수 있으나 감정평가는 가격 산정이 아닌 가치의 개념으로 대상 거래사례를 적용하는 것은 논리적으로 모순되어 선정할 수 없으니, 참고 자료로는 활용될 수 있을 것이다.

거래사례의 선정은 비교표준지 선정기준과 같이 대상토지와 용도지역·이용상황·주변환경 등이 같거나 비슷한 거래사례를 선정하여야 한다.

사정보정이란 거래사례에 특수한 사정이나 개별적 동기가 반영되어 있거나 거래당사자 간에 시장 사정에 정통하지 않은 등 수집된 거래사례의 가격이 적정하기 못한 경우에는 그러한 사정이 없었을 경우의 적절한 가격수준으로 정상화하는 과정으로 정상적인 것으로 보정이 가능한 사례를 정상화시키는 작업을 의미하며, 이러한 특수한 사정으로는 지인 간의 거래, 건물의 철거 조건, 양도소득세 매도자 부담 등이 있으며 이를 보정하기 어려우면 거래사례로 선정하기 어렵다.

거래사례 선정과 사정보정 이후 비준하는 시점수정, 지역요인 및 개별요인 비교, 검토는 공시지가기준법과 동일하며 사정보정을 거친 거래사례는 정상적인 시장가격을 반영하고 있으므로 그 밖의 요인 적용은 필요치 않다.

건물이란 토지에 정착하는 공작물 중 지붕과 기둥 또는 벽이 있는 것과 이에 부수되는 시설물, 지하 또는 고가(高架)의 공작물에 설치하는 사무소, 공연장, 점포, 차고, 창고, 그 밖에 건축법 시행령으로 정하는 것을 말하며 원가법을 적용한다.

원가법에 의한 건물의 평가는 재조달원가에서 감가수정액을 차감하여 결정한다.

재조달원가란 현존하는 물건을 기준시점에 있어서 원시적으로 재생산 또는 재취득하는 것을 상정하는 경우에 필요한 재생산 또는 재취득원가를 말하며, 일반적인 도급방식에 의하여 소요되는 표준적인 건설비와 도급인이 별도로 지불한 건설기기 등의 통상 부대비용을 합산한 금액으로 한다.

감가수정이란 대상물건에 대한 재조달원가를 감액하여야 할 요인이 있는 경우에 물리적, 기능적, 경제적 감가를 고려하여 그에 해당하는 금액을 재조달원가에서 공제하여 기준시점에 있어서의 대상물건의 가액을 적정화하는 작업이다.

이 외 토지 · 건물 일체를 기준으로 거래사례비교법이나 수익환원법 등을 적용할 수 있다.

구분소유권(아파트, 상가 등 집합건물)의 감정평가

구분소유는 구분소유권의 목적인 건물부분으로서 건물의 구분소유자가 사용수익권을 전유적으로 행사하는 전유부분, 구분소유자 공동으로 지배 · 용익 하는 공용부분, 구분소유자가 건물의 대지에 대하여 가지는 대지사용권으로 구성되며, 전유부분에 의해 공용부분과 대지사용권의 일체성을 가진다.

구분소유인 집합건물의 평가는 거래사례비교법이 주로 활용되며, 임대를 목적으로 하는 상업용의 경우 수익방식에 의해 그 적정성을 검토하고 있다.
거래사례비교법은 앞서 언급한 절차와 동일하나, 집합건물의 용도(주거, 상업, 업무, 공업)에 따라 가격에 영향을 미치는 가격형성요인이 다르므로 각 용도별 가치형성요인을 비교하여 적용한다.

이 외에도 임대수익에 따른 수익방식과 원가방식으로 전체 동의 토지 · 건물 가격을 산정하여 대상 호의 층별, 호별 효용비율을 적용하는 방법이 있다.

집합건물의 가격은 거래관행상 토지 · 건물의 가액을 분리하는 것이 곤란하나 현실 상황에서는 부가가치세 산정 등 도지와 건물에 대한 배분 가격이 필요한 경우가 있다. 토지 · 건물 가격을 배분하는 방법으로는 토지 · 건물을 적정한 비율로 적용하는 비율방식, 토지 또는 건물가액을 산정하여 공제하는 공제방식 등이 있다.

집합건물 평가 시 구분소유권 중 대지사용권을 수반하지 않는 경우 그 원인을 파악하여 고려하여야 함에 유의해야 한다. 또한 일명 오픈상가로 불리는 바닥 경계선으로만 인접 점포와 구분되며 경계 없이 이용 중인 구분소유권인 상가는 전유면적에 비해 공유면적이 높아 독자적으로 이용되기 어렵고, 경매를 진행하는 법원에서 점포 구분 없는 오픈상가는 경매 대상이 될 수 없다는 취지로 경매절차를 취소하여 금융기관에서 대출을 기피하고 있으므로 투자 시 유의하여야 한다. 최근에는 섹션오피스라는 새로운 형태의 구분소유권으로 분양되고 있다. 섹션오피스는 오피스을 다양한 규모로 분할하여 분양하는 형태로 가변형 벽체로 분양되며, 임차인의 기호에 맞게 공간을 구성할 수 있도록 설계되어 있는 특성이 있다. 하지만 이 또한 가변형으로 금융기관에서 대출을 회피할 수 있으니 투자 시 대출가능성 등을 확인할 필요성이 있다.

임대료

임대료란 임대차계약에 기초한 대상물건의 사용대가로서 지급하는 금액으로 부동산에 대한 용익의 대가로서 원본에 대한 과실을 의미한다. 이러한 임대료의 산정금액은 임대인에게 지불되는 모든 경제적 대가를 말하며 순임대료 및 필요제경비 등으로 구성된 실질임대료이다.

임대료 산정방법은 임대사례비교법이 주 방식이나, 상황에 따라 적산법을 적용할 수 있다. 다만 임대용 부동산의 경우 수익분석법은 순환논리의 모순에 따라 적용될 수 없다.

임대사례비교법은 임대차 등 계약내용이 같거나 비슷한 사례, 임대차 사정이 정상이라고 인정되는 사례나 정상적인 것으로 보정이 가능한 사례, 기준시점으로 시점수정이 가능한 사례, 대상물건과 위치적 유사성이나 물적 유사성이 있어 지역요인, 개별요인 등 가치형성요인의 비교가 가능한 사례를 선정하여 사정보정, 시점수정, 임대료형성요인 비교, 층별·위치별 효용비교 등을 통해 산정한다. 인근에 비교 가능한 임대사례가 없는 경우 등 임대사례비교법 적용이 곤란한 경우 적산법을 적용할 수 있다.

적산법이란 대상물건의 기초가액에 기대이율을 곱하여 산정된 기대수익에 대상물건을 계속하여 임대하는 데 필요한 경비를 더하여 대상물건의 임대료를 산정하는 방법을 말한다. 기초가액은 적산법을 적용하기 위한 기초가 되는 대상물건의 원본가치를 의미하며 기대이율이란 임대차에 제공되는 대상물건을 취득하는 데에 투입된 자본에 대하여 기대되는 임대수익의 비율을 말한다. 필요제경비는 임차인이 사용·수익할 수 있도록 임대인이 대상물건을 적절하게 유지·관리하는 데에 필요한 비용을 말하며 감가상각비, 유지관리비, 조세공과금, 손해보험료, 대손준비금, 공실상당액, 정상운영자금이자 등으로 형성된다.

영업권의 감정평가

영업권(goodwill)이란 "계속기업의 가정하에 회사 또는 제품의 지명도, 상표·상호의 소유, 우수한 인력 또는 평판, 우수한 생산·판매조직, 양호한 고객관계 등 영업권을 창출시키는 유·무형 자산들 간의 시너지효과 또는 영업상의 기능 내지 특성으로 인하여 동종의 사업을 영위하는 다른 기업의 통상 수익보다 높은 초과수익을 올릴 수 있는 무형의 재산적 가치 내지는 미래의 경제적 효익에 대한 회사의 초과 수익력"이라고 할 수 있다.

영업권을 광의로 보면 유형자산을 제외한 모든 무형자산을 포함한 개념이나 협의로 보면 지적재산권을 제외한 무형의 영업권으로 볼 수 있다.

영업권의 성립요건은 동종 유사규모에 비해 초과이익이 존재하여야 하고, 계속적으로 발생되어야 하며 이러한 영업권이 이전되는 경우 양도받은 이에게 이전 가능성이 있어야 한다.

일반적으로 영업권은 식별할 수 없는 무형자산으로 기업이 다른 기업을 취득·합병·인수할 경우 매입금액이 취득한 순자산의 시장가치를 초과한 초과금액이나 기업이 동종의 다른 기업보다 초과 수익 부분을 자본화하여 계산한 것으로 볼 수 있으며, 현행 기업회계기준은 자가창설영업권은 인정되지 않고 있으며 외부에서 유상으로 매입한 매입영업권에 대하여만 무형자산으로 인식되고 있다.

영업권의 평가방법은 정상적인 수익을 초과하는 부분에 대한 초과수익에 대한 경제적 권리를 의미하므로, 계속기업을 전제로 한 수익방식에 의한 사업체의 수익가격에서 순자산가치를 차감하거나 초과수익 부분을 할인하거나 환원하는 수익환원법에 의한 평가가 일반적으로 활용된다.

이 외에도 유사한 업종의 영업권 거래사례 또는 기업 거래사례 및 순자산 가치를 이용하여 대상 영업권과 비교하는 등의 거래사례비교법, 대상 영업권을 취득하기 위해 필요한 예상비용에 감가요인을 파악하고 그에 해당하는 금액을 공제하거나, 영업권 취득에 소요된 비용을 물가변동률 등에 따라 기준시점으로 수정하여 결정하는 원가법이 있다.

무형자산(지식재산권)의 감정평가

무형자산(Intangible Asset)은 물리적 형태가 없어 눈에 보이지는 않지만, 미래에 경제적인 효익을 발생시켜 기업의 수익창출에 기여할 것으로 예상되는 자산을 의미한다.

무형자산은 그 형체가 없기 때문에 식별에 어려움이 있으나 무형자산으로 인정되기 위해서는 식별(Identification)이 가능하여야 하며, 그 특성이 명확하게 기술(Description)되어야 하고, 재산으로 법적 권리를 가져야 하며, 소유권이 있고 소유권을 양도할 수 있어야 한다. 대표적 무형자산으로는 특허권, 상표권, 실용신안권, 디자인권, 저작권이 있다. 이러한 무형자산은 전체 기업가치에서 차지하는 비중이 갈수록 증대되고 있으며, 특히 첨단기술과 노하우를 경쟁력으로 삼고 있는 기업이나 전문서비스업을 제공하는 기업의 경우에는 더욱 확대될 것으로 예상된다.

무형자산의 평가방법은 수익환원법을 적용하여야 하며 수익환원법으로 감정평가 하는 것이 곤란하거나 적절하지 아니한 경우에는 거래사례비교법이나 원가법으로 감정평가 할 수 있다. 수익환원법은 해당 무형자산으로 인한 현금흐름을 현재가치로 할인하거나 환원하여 산정하는 방법이나 기업 전체에 대한 영업권가치에 해당 지식재산권의 기술기여도를 곱하여 산정하는 방법 등이 있다.

거래사례비교법은 비슷한 지식재산권의 거래사례와 비교하는 방법이나 매출액이나 영업이익 등에 시장에서 형성되고 있는 실시료율(royalty rate)을 곱하여 산정된 현금흐름을 할인하거나 환원하여 산정하는 방법이 있다.

원가법은 기준시점에서 새로 취득하기 위해 필요한 예상비용에서 감가요인을 파악하고 그에 해당하는 금액을 공제하는 방법, 대상 지식재산권을 제작하거나 취득하는 데에 들어간 비용을 물가변동률 등에 의해 기준시점으로 수정하는 방법 등이 있다.

무형자산은 수익방식에 의한 산정이 원칙이며, 무형자산의 성격에 따라 세부적인 적용 방법이 상이할 수 있다. 예를 들어, 무형자산 중 특허권은 특허권리 기간이 유한하므로 평가대상 특허권의 유효수명까지 예측하여 유기 환원하는 방법이 적합할 것이며, 상표권은 비록 유효기간이 있으나 갱신 가능하여 영구적으로 사용할 수 있는 배타적 권리가 있으므로 영구 환원하는 방법이 적합할 것이다.

실무적 측면에서 무형자산의 평가는 주로 「법인세법」에 따라 대표자 개인 소유의 무형자산을 법인에 현물 출자하는 형태로 양도하고 기업은 그에 해당하는 금액만큼 대표자 개인에게 지불하기 위해 이루어지며, 무형자산 중 특허권이 주요 대상이 된다. 무형자산의 양도 효과는 법인 대표자의 가지급금을 효율적으로 처리할 수 있으며, 대표사의 무형자산의 양노금액은 기타소득으로 분류되어 일정 비율의 경비처리가 인정되므로 소득에 대한 절세 효과가 있다.

특허권의 평가는 감정평가사 외에도 기술신용보증기금 등에서도 가능하나 「법인세법」에 근거한 경우에는 감정평가사에 의한 감정평가서만이 인정되는 것으로 알고 있다. 특허권 감정평가 시 유의사항은 특허권의 객관적 가치의 범위 내에서 기업의 규모, 재정 상태, 평가목적 등을 고려하여 감정평가액이 결정되어야 하며, 부실한 법인의 자금을 개인에게 양도하는 경우로 악용될 소지가 있는 등 부적절한 목적으로 감정평가 하여서는 아니 될 것이다.

기업가치 감정평가

기업가치란 해당 기업체가 보유하고 있는 유·무형의 총체적 자산의 가치를 말하여, 자기자본가치와 타인자본가치로 형성된다. 기업가치는 개별자산의 단순한 합계에 결정되는 것이 아니므로 대상 업체가 가지고 있는 유·무형의 가치를 포함하는 기업 전체의 일괄 가치를 산정해야 한다. 기업가치는 영리를 목적으로 하는 계속기업을 전제하므로 향후 기업이 창출할 수 있는 미래현금흐름을 현재가치로 할인하거나 환원하는 수익환원법을 적용하는 것이 일반적이며 대상기업과 비슷한 기업의 거래사례를 비교분석하여 결정하는 거래사례비교법, 대상기업의 유·무형 개별자산의 가치를 합산하는 원가법을 적용하기도 한다.

의제부동산 및 동산의 감정평가

의제부동산이란 토지나 건물이 아니면서도 등기, 등록 등의 공시 방법을 갖춤으로써 부동산에 준하여 취급하는 특정의 동산 등을 의미하며 광업재단, 공장재단, 자동차, 선박, 항공기 등이 있다. 이러한 의제부동산 및 동산의 감정평가는 의제부동산 및 동산의 성격에 따라 유사한 거래사례를 통해 결정하는 거래사례비교법이나 재조달원가에서 적절한 감가상각을 하여 산정하는 원가법으로 산정한다. 다만 효용가치가 없는 경우에는 해체처분가격으로 평가할 수 있다.

권리금의 감정평가

「상가건물 임대차보호법」 제10조의 3(권리금의 정의 등)에서 "권리금이란 임대차 목적물인 상가에서 영업을 하는 자 또는 영업을 하려는 자가 영업시설·

비품, 거래처, 신용, 영업상의 노하우, 상가건물의 위치에 따른 영업상의 이점 등 유형·무형의 재산적 가치의 양도 또는 이용대가로서 임대인, 임차인에게 보증금과 차임 이외에 지급하는 금전 등의 대가를 말한다"라고 규정하고 있다.

권리금은 이론상 시설권리금, 지역권리금, 영업(기타)권리금으로 구분된다. 시설권리금이란 영업을 위하여 건물의 구조변경, 영업장 내부에 고착된 인테리어, 집기 및 비품 등의 유형물에 대한 권리금을 말하며 지역권리금은 영업장소가 위치한 장소적 이점에 대한 권리금을, 영업(기타)권리금은 영업을 영위하며 발생하는 영업상의 이점에 대한 대가로서 장기간 영업을 하면서 확보된 고객 수, 광고나 평판 등의 명성, 신용, 영업상의 노하우의 이전 등의 권리금을 말한다.

권리금을 감정평가 할 때에는 유형·무형의 재산을 각각 산정한 후 이를 합산하여 산정하는 것을 원칙으로 한다. 다만, 권리금을 개별로 감정평가 하는 것이 곤란하거나 적절하지 아니한 경우에는 일괄하여 감정평가 할 수 있으며 유형·무형 재산별로 구분할 필요성이 있는 경우 합리적인 배분기준에 따라 유형재산가액과 무형재산가액으로 구분하여 표시할 수 있다. 유형재산의 목록은 의뢰인과 이해관계인의 확인을 거쳐 확정되어야 하며 대부분 냉장고, 에어컨, 기자재 등의 설비로서 주로 원가법을 적용하며 거래사례비교법을 활용할 수도 있다. 무형재산의 평가는 평가 대상 상가가 정상적으로 영업 중인 경우 해당 상가의 과거 매출자료 등을 기준으로 무형재산으로 인하여 장래 발생할 것으로 예상되는 합리적인 기내 영업이익 등을 산정한 후 이를 현재가치로 할인 또는 환원하여 산정하는 수익환원법을 적용한다. 다만 수익환원법을 적용하는 것이 곤란하거나 부적절한 경우에는 동일 또는 유사 업종의 무형재산만의 거래사례와 대상의 무형재산을 비교하거나 동일 또는 유사업종의 권리금 일체 거래사례에서 유형의 재산적 가치를 차감한 가액을 대상의 무형재산과 비교하는 거래사례비교법, 기 지급한 무형자산 권리금에 기준시점까지 시점수정하여 산정하는 원가법을 적용할 수 있다. 기타 방법으로 대상과 동일 또는 유사업종 상가의 임대료와 권리금 간 표준적인 승수에 감정평가대상 상가의 임대료를 곱하여 산정하는 월임대료승수 등이 있다.

권리금과 보상지역 내 영업보상을 혼동하는 경우가 있으나, 권리금과 영업보상은 그 내용과 산정 방식이 차이가 있으며 현행 영업보상은 권리금을 포함하지 않고 있다.

물건별 가치형성요인 및 평가관련 서류

토지·건물 개별 부동산

　토지·건물 개별 부동산의 경우 토지와 건물의 가격을 각각 산정한 후 이를 합산하여 결정하고 있다. 토지의 평가는 공시지가기준법을 기준하므로 비교표준지 선정 및 비교표준지와 해당 토지의 가치형성요인을 비교하는 절차를 통해 산정한다. 토지의 가치형성요인은 토지의 이용상황에 따라 다소 상이하나 일반적으로 가로조건, 접근조건, 환경조건, 획지조건, 행정적조건, 기타조건이 있으며, 이러한 조건에 대해 비교표준지와 해당 토지를 비교·분석하여 결정한다.

　토지를 평가하기 위한 관련 서류는 용도지역을 확인할 수 있는 토지이용계획확인원, 소유권관계 등 권리사항을 확인하기 위한 토지등기부등본, 물적사항 확인을 위한 토지대장, 지적경계 및 형상 등을 파악하는 지적도가 필수적 서류이며 이 외에도 환지예정증명서, 가분할도 등의 서류가 있다.

　건물은 원가법이 기준이므로 대상 건물을 직접 건축하는 데 소요되는 비용을 분석하는 직접법과 한국부동산연구원이나 한국부동산원에서 발행하는 건물 신축단가표 등의 자료와 인근 유사 건물의 다수 사례를 비교·분석하는 간접법으로 재조달원가를 산정하며, 재조달원가에서 경과년수, 노후상태, 외부환경과의 적합성 등의 감가요인을 공제하여 산정한다. 건물 가격의 결정요인은 구조, 용도, 층수, 면적, 사용승인일 및 관리상태 등으로 공부를 기준으로 현장 실사를 통하여 확인한다.

건물의 평가 서류는 구조, 용도, 면적, 층수, 신축연도 등 물적사항 확인을 위한 건축물관리대장, 소유권관계 등의 권리사항을 확인하기 위한 건물등기부등본, 그 외 건물배치도 등이 있다.

구분소유권(아파트, 상가 등 집합건물)

구분소유권은 거래사례비교법이 주 방식으로 대상과 유사한 거래사례를 기준하여 가치형성요인을 비교하여 산정한다. 구분소유권의 가치형성요인은 평가 대상의 용도에(주거, 상업, 업무, 공업) 따라 세부적 사항은 상이하나 크게 입지적 위치 등의 단지외부요인, 건물의 상태, 주차여건 등의 단지내부요인, 층·향별, 위치 면적 등의 호별요인, 기타요인으로 구분하여 비교한다.

평가관련서류는 소유권관계 등 집합건물등기부등본, 전유면적, 공유면적 등의 집합건축물관리대장등본, 배치도 등이 있다.

기업가치나 무형자산 등

기업가치나 무형자산의 평가는 수익방식이 기준이므로 부동산의 평가 서류 외에도 통상 사업체 개요, 사업자 등록증, 최근 3년 이상 재무상태표, 손익계산서 등의 재무제표, 제조원가 명세서, 감가상각 내역서, 주요 거래처 등의 전반적인 기업 활동 관련 자료 및 특허권 등의 무형자산의 경우 그에 대한 권리증 등이 필요하다.

감정평가와 관련하여 부동산 관련 기본적인 서류인 토지이용계획확인원, 등기부등본 등은 감정평가사가 직접 발급할 수 있으므로 별도로 제공하지 않아도 되나, 매매계약서나 임대차계약서, 건축도면, 직접공사비 내역, 기업체 활동 관련 자료 등 필요한 자료는 의뢰인이 제시하여야 한다.

감정평가서 기재 사항

　감정평가서는 감정평가 결과 보고서로 「감정평가에 관한 규칙」 제13조(감정평가서 작성)에 규정하고 있다. 감정평가서에는 감정평가업자의 명칭, 의뢰인의 성명 또는 명칭, 대상물건, 대상물건 목록의 표시근거, 감정평가 목적, 기준시점, 조사기간 및 감정평가서 작성일 등의 필수적 기재 사항이 있다.

　필수적 기재 사항 외에도 평가 대상의 성격, 부동산의 규모, 수수료 등에 따라 감정평가서 내용에 차이가 있으며, 통상 경매를 목적으로 하는 감정평가서 양식이 가장 단순한 형태이니 대법원 법원경매정보에서 경매 사건별 감정평가서를 열람하여 참고 바란다.

감정평가 수수료 요율표

감정평가 수수료는 감정평가사가 의무적으로 준수하여야 하며, 기본적으로 감정평가액을 기준으로 구간별로 산정된다. 기준요율을 기준으로 상하 20% 범위 내에서 조정 가능하며, 출장비, 공부발급비 등 실비와 부가세는 별도로 청구된다. 일정시점 이내 재평가나 소급평가 등의 경우 별도의 할인·할증 규정이 있으며, 국외 부동산이나 무형자산 등의 경우 업무 처리기간이나 강도 등을 고려하여 당사자 합의에 의해 결정한다.

[별표] 감정평가 수수료 체계

감정평가액	수수료 요율 체계(기준요율)
5천만 원 이하	200,000원
5천만 원 초과 5억 원 이하	200,000원 + 5천만 원 초과액의 11/10,000
5억 원 초과 10억 원 이하	695,000 + 5억 원 초과액의 9/10,000
10억 원 초과 50억 원 이하	1,145,000 + 10억 원 초과액의 8/10,000
50억 원 초과 100억 원 이하	4,345,000 + 50억 원 초과액의 7/10,000
100억 원 초과 500억 원 이하	7,845,000 + 100억 원 초과액의 6/10,000
500억 원 초과 1,000억 원 이하	31,845,000 + 500억 원 초과액의 5/10,000

1,000억 원 초과 3,000억 원 이하	56,845,000 + 1,000억 원 초과액의 4/10,000
3,000억 원 초과 6,000억 원 이하	136,845,000 + 3,000억 원 초과액의 3/10,000
6,000억 원 초과 1조 원 이하	226,845,000 + 6,000억 원 초과액의 2/10,000
1조 원 초과	306,845,000 + 1조 원 초과액의 1/10,000

　감정평가액이 10억일 경우 기준요율을 적용하면 감정평가 수수료는 1,145,000원이다. 감정평가 수수료에는 인건비, 임대료, 직원급여 등의 비용 외에도 감정평가액에 대한 책임도 함께 포함하고 있다.

감정평가사 자격시험은 1차, 2차 시험으로 구성되어 있다. 1차는 객관식이며, 2차는 논술형이다. 1차 과목은 민법(총칙, 물권에 관한 규정), 경제학원론, 부동산학 원론, 감정평가 관계 법규, 회계학, 영어이며, 2차 과목은 감정평가 실무, 감정평가이론, 감정평가 및 보상 법규이다. 다른 자격증에 비해 과목 수는 적으나 공부할 범위가 넓은 것이 특징이라 생각된다. 수험기간은 빠르면 2년 정도에 합격하는 이들도 있으나 그 비중은 낮고 평균 4년 정도로 보인다. 1차 시험 면제제도가 있으며 이에 해당하는 경우는 전년도 1차 합격자나 감정평가법인 등 대통령령으로 정하는 기관에서 5년 이상 감정평가와 관련된 업무에 종사한 사람으로 「감정평가 및 감정평가사에 관한 법률 시행령」 제14조에 업무와 기관이 기술되어 있으니 참고 바란다.

2323호. 2005년 감정평가사 시험에 합격하여 2006년 부여받은 감정평가사 자격번호이다. 감정평가사는 매년 180명 내외로 선발되고 있는데 기존 감정평가사 입장에서는 그 합격자 수가 부담스럽고 이를 준비하는 수험생은 선발 인원이 적다고 느낄 것이다. 수습감정평가사에게 선발 인원수에 대해 물어보면 합격자 수를 줄여야 한다고 하니 서로의 입장 차이가 있음은 어쩔 수 없는 현상일 것이다.

감정평가사 자격을 취득 후 감정평가사 업무는 이 책의 주요 내용으로 참고하면 될 듯하고, 향후 진로는 감정평가 업계와 기타 분야로 구분된다. 감정평가 업계는 한국부동산원, 감정평가법인, 감정평가사무소로 아직까지는 감정평가사의 90% 이상이 이 분야에 종사하고 있다. 기타 분야는 금융기관 심사역이나 자산운용회사 등이다.

감정평가 업계의 진로는 한국부동산원이나 감정평가법인에서 근무하거나 감정평가사무소로 구분할 수 있다. 감정평가사무소의 주요 업무가 경내 평가이고 경매 평가는 5년 이상의 경력이 필요하므로 감정평가사 자격을 처음 취득하고는 한국부동산원이나 감정평가법인에 근무하는 것이 일반적이다. 한국부동산원은 2016년 한국감정원이 공기업으로 전환되면서 감정평가 업무는 수행하지 않고 부동산가격공시 및 부동산 조사·통계, 부동산시장관리, 감정평가 시장관리 등의 업무를 수행한다. 하지만 여전히 필요에 의해 감정평가사를 채용하고 있다. 감정평가법인은 감정평가사 수에 따라 대형 법인, 중형·소형 법인, 감정평가사무소로 구분할 수 있고, 감정평가의 경력에 따라 감정평가 업무에 제한을 두고 있다.

감정평가사 현황 2024년 7월 말(한국감정평가사 협회)

구분		정회원	준회원(무소속)	휴직	미입회자	자격자수
법인	대형 법인 (100인 이상)	2,659		10		3,959
	중·소형 법인 (100인 미만)	1,287		1		
감정평가사무소		864		7		871
기타		6	428		303	737
한국부동산원			165			165
합계		4,816	593	18	303	5,732

감정평가 업무에 따른 최소 경력 사항

비고	경력사항	수행기관
공시업무	3년 이상	감정평가법인, 감정평가사무소
수용, 이의재결	5년 이상	감정평가법인
경매	5년 이상	감정평가법인, 감정평가사무소
소송	7년 이상	감정평가법인, 감정평가사무소

II. 감정평가의 업무 (목적별 감정평가)

감정평가는 소유자 등의 이해당사자가 단순히 부동산의 가격을 알기 위해 이루어지지 않는다. 단지 가격 수준을 알려면 인근 중개사를 통해 확인하면 될 것이다. 하지만 감정평가는 법률 및 제도적 필요에 의해 시행되며 그에 따라 감정평가 목적이 확정되고, 목적에 따라 감정평가액도 달리 결정된다. 현업에서 어떤 목적으로 감정평가를 하는지 기술하여 부동산 활동에 조그만 도움이 되었으면 한다.

감정평가 업무(한국감정평가사 협회)

공시지가	표준지공시지가의 조사·평가
표준주택	표준주택가격의 조사·평가(한국부동산원 수행)
보상	공공용지의 매수, 수용 등 각종 공공사업과 관련된 보상감정평가
조세	·국세·지방세 등의 부과기준 가격 산정을 위한 감정평가 ·개발부담금 부과기준 가격 산정을 위한 감정평가
조성용지분양	·「국토의 계획 및 이용에 관한 법률」등 관계법령에 의하여 조성된 주거용지, 공업용지, 관광용지 등의 가격 산정을 위한 감정평가 ·토지구획정리, 경지정리지구 등의 환지청산 또는 체비지매각을 위한 토지의 감정평가
관리처분	재개발을 위한 관리처분계획수립에 필요한 가격 및 분양가격 산정을 위한 감정평가
자산관리	·금융기관, 정부투자 또는 출자기관 기타 공공단체의 자산 매입·매각, 담보, 관리를 위한 감정평가 ·「사립학교법」,「사회복지사업법」등의 법률에 의한 자산 매입·매각 등을 위한 감정평가
경매 및 소송	법원에 계류 중인 경매, 민·형사 및 행정소송 등을 위한 재산의 감정평가
담보	·금융기관, 보험회사, 신탁회사, 농·수협, 시설대여(리스)회사, 창업투자회사 등의 담보물 감정평가 ·기업체의 대리점 개설 및 관리를 위한 담보물의 감정평가
일반거래	·법인설립, 합병에 따른 자산 감정평가 ·각종 인·허가, 이민 수속 등을 위한 재산 감정평가 ·기타 일반거래 및 재산관리를 위한 부동산 및 공장 등의 감정평가
부동산컨설팅	·재개발, 재건축 등 공공사업의 채산성 분석과 권리변환 및 권리조정에 관한 조사 ·보상액 산정기준에 관한 조사 ·부동산의 최유효이용 방안에 관한 조사 ·부동산 의사결정에 관한 조사 ·부동산 입지선정에 관한 조사 ·부동산 투자분석, 개발사업 등의 타당성에 관한 조사 ·지가수준에 관한 조사 ·자신의 운용, 관리에 관한 조사 ·부동산의 가격 또는 임료산정에 관한 조사

    감정평가는 다양한 목적에 의해 평가되며, 평가목적에 부합하게 감정평가액이 결정된다. 보상이나 부동산투자회사법 등 개별법에서 평가 방법을 규정한 것 외에는 평가 목적에 따라 감정평가 방법이 달리 적용되는 것은 아니다.

    현업에서 주로 수행하고 있는 목적별 감정평가에 대해 기술한다.

부동산 가격공시 업무

　부동산 가격공시는 「부동산 가격공시에 관한 법률」에 근거하며, 감정평가사는 표준지공시지가, 표준주택, 공동주택 전수 및 비주거용 부동산 중 오피스텔 및 상업용 건물 고시 부분을 담당하고 있다. 이 중 표준지공시지가는 한국감정평가사협회에서, 이 외 표준주택 및 공동주택, 국세청장이 고시하는 오피스텔 및 상업용 건물 가격고시는 한국부동산원에서 수행한다.

　표준지공시지가 및 표준주택을 기초로 각 지자체에서 개별공시지가 및 개별주택 가격을 산정하며 그 지역을 담당한 감정평가사에게 적정성을 검증받아 결정·고시하고 있다.

　부동산 공시가격은 개별가격의 적정성뿐만 아니라 인근 부동산 가격의 균형성도 중시되는 특성 등이 있으며 보유세 등의 기준이 된다. 세부적 내용은 별도의 장으로 구성하였다.

담보평가

담보평가는 금융기관의 담보물건에 대한 담보가치 산정을 목적으로 하는 감정평가이다. 감정평가 방법은 동일하나 가격 수준은 보수적으로 결정하는 경향이 있으며, 도로나 하천 등의 환가성이 낮은 토지나 종물 및 부합물은 평가하지 않는 특성이 있다. 주로 감정평가법인에서 수행하며 평가 건수 및 수수료 기준으로 전체 감정평가 시장에서 가장 큰 비중을 차지하고 있다. 담보물건은 정식 접수하기 전에 탁상 감정부터 시작하며 탁상 감정 건에 비해 실제 접수되는 건은 법인별, 지사별 차이가 있으나 10% 내 수준으로 보인다. 담보평가를 수행하기 위해 탁감전담팀, 현장조사팀, 전산팀 등 사무직원이 필요하며, 담보를 담당하는 감정평가사의 주 업무 중 하나가 탁상 감정인 점을 생각하면 일정 규모 이상의 감정평가법인에서 수행할 수밖에 없을 것이다.

담보대출 금액 산정은 담보물의 가치에서 담보인정비율을 적용하여 담보인정금액을 산정한 후 임대차보증금이나, 선순위 설정액, 주택 및 상가임대차보호법 적용 대상의 경우 최우선변제금을 차감하여 대출금액을 산정한다.

대출금 산성 과정에서 수요사인 채무자가 결정할 수 있는 부분은 없는 깃으로 보인다. 담보물 가치는 금융기관에서 의뢰한 감정평가법인에서 산정하며, 담보인정비율은 규제지역인 경우 정부에서 규정하고 있는 등 각 금융기관의 기준에 따른다. 담보인정금액에서 공제되는 금액도 규정에 따라 정해져 있고, 대출금리 역시 개인의 신용도 등에 따라 결정된다. 대출 신청자는 여러 금융기관을 방문하여 대출조건을 상호 비교하여 유리한 조건을 제시하는 금융기관을 선택할 뿐이다. 대출신청자는 수요자이지만 필요에 의해 신청하며, 대출금의 부실 위험에 대해서는 금융기관에서 책임을 지고 있으므로 당연한 현상이라 볼 수 있다. 다만, 금융기관에서 담보대출 영업을 위해 우량한 채무자에게는 금융기관에서 직접 방문이나 면담하여 유리한 방향으로 검토해 주는 경우도 있으니 새삼 돈의 위력을 느낀다.

임대차계약이나 임대차 보호 대상의 여부는 담보평가와는 직접적인 관련성은 없으나 생활 속에 중요하다고 생각되어 담보평가와 연계하여 별도의 장으로 기술한다.

보상평가

보상평가란 공익사업에 의해 침해되는 개인의 재산권의 특별한 희생에 대한 재산적 보상액 산정을 위한 평가이다. 신도시 개발지역이나 도로, 공원, 철도 등의 공공사업을 시행하면 그 사업구역에 편입되는 토지 및 지장물 등의 보상액 산정을 위한 감정평가로 피수용자의 입장에서는 가장 민감한 부분이다. 공익사업을 위해 강제로 수용하는 방식이 최선인지는 판단하기 어려우나 우리나라가 경제적으로 급성장하는 데 일정 부분 기여한 것으로 보이며, 이에 따라 손실보상의 제도가 발전되어 있다고 한다.

보상평가의 대상은 토지, 건물, 지장물 및 영업권 등이 있으며, 사업시행사는 산정된 보상금액을 기준하여 피수용자와 협의를 거치며 협의가 불성립하면 수용재결, 이의재결, 행정소송의 절차가 있다.

협의는 통상 3개의 감정평가기관(사업시행자 선정 1, 주민추천 1, 시·도지사 추천 1)이 수행하며 협의 당시 시점을 기준으로 산술평균한 금액으로 결정한다. 협의금액에 동의하면 계약이 완료되나, 이에 불복할 경우 협의 이후의 절차가 진행된다. 이주대책을 수립하는 공익사업의 경우에는 협의를 하지 않고 재결을 진행하는 경우 이주자택지 등의 분양 순위에서 협의에 동의한 소유자와 배점의 차이가 있어 이주자택지 등을 받지 못할 수 있으니 협의 단계에서는 이 부분에 대해서도 고려하여야 한다.

수용재결은 행정청에서 선정한 2곳의 감정평가법인에서 5년 이상 경력의 감정평가사가 수행하며 재결시점을 기준으로 감정평가를 수행한다. 재결이후 사업시행자는 산정된 보상금을 공탁하면 소유권은 사업시행자에게 이전되며, 사업시행자는 기존 지장물 등에 대해 강제 철거가 가능하여 기존 소유자의 의사와 무관하게 공익사업을 진행할 수 있다. 협의보다는 재결금액이 통상 높게 산정되며 이는 협의는 협의 당시, 재결은 재결시점 당시를 기준시점으로 기간의 경과에 따라 지가상승 요인이 발생하기 때문이다.

재결금액에 대해 불복하는 경우 이의재결이나 행정소송을 바로 진행할 수 있다. 이의재결 역시 행정청이 선정한 2곳의 감정평가법인에서 5년 이상 경력의 감정평가사가 재결시점을 기준으로 감정평가 한다. 재결금액을 수령하고도 '이의유보' 의사표시를 통해서도 이의재결이 진행된다. 혹 이의재결 금액이 재결금액보다 낮게 산정되더라도 불이익변경금지원칙에 따라 재결금액으로 결정되며 협의부터 이의재결까지 감정평가 수수료는 사업시행자가 부담하니 협의를 하지 않고 수용재결을 진행한 경우에는 이의재결을 진행하지 않을 이유는 없는 것으로 보인다.

보상금증감소송은 행정소송으로 법원에 등록된 감정평가사가 수행하며 법원에 소송감정인으로 등록하기 위해서는 7년 이상을 경력을 필요로 한다. 보상금증감소송을 위한 감정평가는 보상평가의 마지막 감정평가이며, 소유자가 직접 소송을 진행하기에는 어려움이 있어 주로 법률대리인인 변호사를 선정하여 진행한다. 보상금증감소송의 감정평가액은 종전 보상액과 큰 차이는 없으나 같지는 않을 것이다. 소송을 통한 보상금액이 낮더라도 불이익변경금지원칙이 적용되나 다소 높을 경우 보상금 결정이 궁금하다. 무심한 듯 법률대리인 변호사에게 문의하니 통상 소송비용은 각자 부담하며 다소나마 평가액이 증가된 경우 증액된 금액을 인정하거나 그 증액이 크지 않을 경우 종전 금액으로 결정된다고 하니 관할 법원이나 담당하는 판사마다 다소 차이가 있다고 짐작한다. 보상금증감소송 목적의 보상금액은 협의, 재결, 이의재결 절차 이후이므로 이전 평가에서 오류가 있지 않은 이상 실제 변경될 여지는 그리 높지 않은 것으로 보인다. 다만 토지의 이용상황이나, 잔여지 가치하락, 영업보상의 경우 휴업인지 폐업인지, 영업보상의 대상 여부, 실제 휴업기간이 4개월 이상 소요될 경우 실제 휴업기간을 인정받을 수 있는지 등 보상금증감소송을 통해서 중요 사실관계가 변경되기도 한다.

보상평가의 전반적인 사항은 별도의 장으로 구성한다.

도시정비사업 관련 감정평가

    도시정비사업이란 도시의 정비 구역 안에서 정비 기반 시설을 정비하고 주택과 같은 건축물을 개량하거나 건설하는 주거환경 개선사업, 재개발사업, 재건축사업을 통칭하며, 각 사업의 진행 절차에 따라 감정평가가 필요하며, 사업의 성격에 따라 적용되는 규정이 다르다. 도시정비사업 절차상 필요한 감정평가를 간략히 살펴보면 조합설립인가 전 추정분담금 산정, 사업시행인가 신청을 위해 용도폐지 되는 정비기반시설 및 새로이 설치하는 정비기반시설 감정평가, 관리처분을 위한 종전, 종후자산 및 세입자 영업손실 감정평가, 분양신청 이후 현금청산자 및 영업손실보상 감정평가, 사업의 완료 후 법인세 절감을 위한 과세목적의 감정평가, 사업구역 내 국·공유지에 매각에 대한 감정평가가 있다.

    도시정비사업의 절차와 관련된 감정평가 중 토지소유자에게 중요한 감정평가는 종전자산 평가금액이며 현금청산자의 경우 현금 청산 금액이 될 것이다. 종전자산 감정평가는 토지소유자의 개별적 금액보다는 소유자별 균형성이 중시되며, 도시정비사업에 동의하지 않는 현금청산자는 개인별 청산 금액이 중

요할 것이다. 현금청산자의 평가 규정은 도시정비사업의 종류에 따라 차이가 있다. 재개발사업 및 주거환경 개선사업은 공익성이 인정되어 토지보상법이 준용되나, 재건축사업은 민간사업으로 규정되어 토지보상법 적용이 되지 않는다. 따라서 주택재개발사업 등은 현금청산 목적의 협의 금액 산정을 위해 감정평가를 하여 협의를 진행하며 협의가 성립하지 않을 경우 재결, 이의재결 등의 보상절차가 준용되며, 영업보상, 주거이전비 등의 대상이 된다. 이에 반해 재건축사업은 현금청산을 위한 평가 후 협의가 성립되지 않을 경우 매도청구소송을 통해 결정되며, 영업보상 및 주거이전비 등의 규정이 없다.

  도시정비사업 관련 감정평가는 별도의 장으로 구성한다.

자산재평가

자산재평가란 기업자산이 물가상승 등의 요인으로 장부가액과 현실가액에 차이가 크게 발생한 경우, 자산을 재평가하여 장부가액을 현실화하는 것으로 2011년 국제회계기준 IFRS(Internation Finacial Reporting Standards)를 도입하여 기업이 소유하고 있는 자산의 공정한 경제적 가치를 평가하여 재무건전성을 제고하고, 합리적인 의사결정 및 경영의 합리화를 도모할 수 있게 되었다. 자산재평가는 자산재평가법 또는 기업회계기준을 근거로 시행되며 자산재평가의 기준가치는 공정가치(Fair Value)로 일반적인 감정평가의 시장가치와 개념적으로 차이가 있다. 공정가치는 이해당사자가 한정되는 등의 특수한 상황에도 불구하고 합리적인 가격을 내포하고 있으므로 통상적인 시장을 전제로 하는 시장가치보다 확대된 개념으로 생각한다. 자산재평가에 따른 회계처리는 회계사의 전문 분야로 세부적 사항에 대해 기술할 능력이 없다. 다만 감정평가 목적상 자산재평가 효과에 대해서 기술한다.

자산재평가의 대상은 토지, 건물, 기계장치, 선박 등의 유형자산과 특허권, 상표권 등 무형자산 등도 포함되나 무형자산 중 영업권은 자가창설영업권이 인정되지 않으므로 영업권은 제외될 것이다. 현실적으로 무형자산은 자산재평가를 목적으로 의뢰되지 않고 있는 실정이며, 주로 토지와 건물, 기계기구, 자동차 등 유형자산이 주요 대상이다. 토지 외의 유형자산은 시간의 경과에 따라 가치가 감소함에도 재평가 차익이 발생하는 것은 회계상 장부가액은 실제 경제적 내용 연수에 비해 감가상각 내용 연수가 짧고, 잔존가치가 없는 것으로 보며, 정률법, 정액법 등 감가상각의 방식에 차이가 있으므로 장부가격보다 감정평가 금액이 높을 수 있다.

자산재평가는 토지나 건물, 기계기구 등 유형자산별로 선택하여 진행할 수 있다. 다만 동일한 유형자산의 경우에는 모두 재평가해야 한다. 즉 토지나 건물, 기계기구 중 선택적으로 재평가할 수 있으나 토지를 재평가할 경우 모든 토지가 대상이 되며 일부 토지만 재평가할 수 없으며, 건물이나 기계기구 또한 선택적으로 재평가 가능하나 그중 일부만 재평가할 수 없다. 자산재평가의 유형별 자산의 감정평가는 일반적인 감정평가 방법과 동일하다.

자산재평가의 효과는 재평가를 함으로써 실질 자산가치를 반영하여 경영 지표로서 기업의 자본이 적정하게 표시되며, 자기자본의 증가로 상대적으로 부채비율이 감소하여 재무구조 개선 효과가 발생하고, 기업 간 인수 합병 시 적정 기업가치를 반영할 수 있는 것이다. 다만 재평가는 장부상 자산의 적정 가격을 반영하는 것으로 서류상 변화만 가져오므로 실질적인 기업가치 변화가 나타나는 것은 아니다. 또한 건물 등의 감가상각의 대상이 되는 자산을 재평가할 경우 감가상각비가 증내되어 영업이익이 감소하는 현상이 발생하며, 이에 따라 당기순이익이 감소하여 법인세 절감 효과도 있다.

재평가에 대한 예시(A사 재무상태표)

자산재평가 시행 전		자산재평가 시행 후	
자산 200억 (토지 90억, 건물 10억)	부채(100억)	자산 241억 (토지 130억, 건물 11억)	부채(100억)
	자본(100억)		자본(141억)

A사 재평가 시행 전·후 재무상태표이다. 토지·건물에 대하여 자산재평가를 시행하여 종전 토지 90억, 건물 10억 총 100억에서 시행 후 토지 130억, 건물 11억, 총 141억으로 재평가 차익이 41억 증가하였다. 시행 전 부채비율은 부채(100억)/자본(100억) ≒ 100%이나 시행 후 부채비율은 부채(100억)/자본(141억) ≒ 71%로 줄어든다. 부채비율이 감소하니 외형상 재무구조 개선과 신뢰도 향상, 이에 따른 금리인하 효과 등을 기대할 수 있다. 건물 증가액 1억에 대해서는 감가상각비가 증가되므로 영업이익이 감소되는 효과가 있다. 이러한 변화는 기업의 실제 경영성과에 의한 것이 아닌 서류상의 변경임에 유의하여야 한다.

자산재평가를 시행하기 전에 탁상감정을 통해 증액되는 금액을 예상할 수 있으니 참고 바라며, 자산재평가에 의한 자산가액 변경은 해당 기업에 미치는 영향이 크므로 감정평가법인의 자체 심사 외에도 한국감정평가사협회 심사를 받는 등 엄격한 심사제도가 시행되고 있다.

경매평가 및 소송평가 등 법원 제출용

경매평가

경매평가란 관할 법원이 경매의 대상이 되는 물건의 경매에서 최저매각가격을 결정하기 위한 감정평가를 말한다. 경매는 근저당권 등의 권리자가 해당 물건에 기초하여 강제 집행하는 임의경매와 채권자의 신청에 의해 채무자의 소유의 부동산을 압류, 경매하는 강제경매로 구분되나 이에 따른 감정평가의 차이는 없다.

경매가격은 집행법원의 최저 경매가격이 되고, 유찰될 경우 최저 경매가격에서 일정 비율 낮아져 재입찰되는 특성을 가지고 있으며, 가격수준은 채권자뿐 아니라 채무자의 권리 보호도 관련되므로 적정 가격수준의 범위에서 높게 결정되는 경향이 있다. 또한 평가 목록 외에 종물 및 부합물에 대한 표시 및 가격이 산정되며, 제시 목록 외에 지상권이 성립될 가능성이 있는 경우 등 특수한 상황에 대해 감정인은 그에 대하여 감정평가서에 기재하고 그에 대한 처리방법에 대해서도 언급하고 있으므로 경매 투자 시 감정평가서를 꼼꼼히 검토할 필요성이 있다.

경매평가는 경력 5년 이상의 감정평가사가 수행하며, 매년 각 법원에 감정인 등록을 하여야 한다. 사건별로 등록된 감정인 중에 전산으로 배정되어 처리되는 것이 원칙이다. 하지만 채권자가 법원 경매를 목적으로 상표권 평가가 가능한지 개인적으로 문의해 와 법원에서 지정하면 가능하다고 회신하여 법원에 등록되지 않았지만 선정된 경험이 있으므로 상표권 등의 무형자산 등의 특수한 경우에는 별도로 감정평가사를 지정할 수 있는 것으로 보인다.

경매에 입찰하는 사람은 본인의 책임하에 부동산을 투자하는 것으로 경매 물건의 가격뿐만 아니라 권리분석 등을 철저히 검토하여 진행하여야 할 것이다.

소송감정

소송이란, 재판에 의하여 원고와 피고 사이의 권리나 의무 따위의 법률관계를 확정하여 줄 것을 법원에 요구하는 것으로, 소송의 종류에는 개인 간의 분쟁 해결을 위한 민사소송, 형법상 범죄를 저지른 자에게 형법을 부과하는 형사소송, 행정부와 분쟁과 관련된 행정소송, 이혼 등의 가정사와 관련된 가사소송 등이 있다.

소송감정이란 법원의 명령에 따라 소송 분쟁 내용에 따른 감정평가를 말하며, 금액적인 부분에서는 판결에 결정적인 영향을 미친다. 소송평가는 경력 7년 이상의 감정평가사가 수행하며, 그 외 법원의 등록 등의 사항은 경매와 유사하다.

소송감정과 관련된 감정평가는 행정소송인 보상금증감소송이 가장 많고 그 외는 미지급용지 취득 및 사용료 관련 소송, 주택재건축 매도청구소송, 이혼 등 재산분할 소송 등이 있다. 소송평가는 재산권 관련된 분쟁에 대하여 금액을 확정하는 주요 자료이며, 평가의뢰 내용에 적합한 관련 법규를 적용하여 평가하여야 한다.

소송평가는 변호사가 법률대리인으로 선정되어 진행하므로 소송감정서의 납품 후에도 의견 조회가 많은 특성이 있다. 또한 감정평가의 조건을 제시하여 의뢰한 경우가 있으며, 이럴 경우 감정평가 조건의 합법성, 실현가능성 등을 고려하여 감정평가 조건 수용 여부를 최종적으로 감정인이 결정한다.

소송감정 경험 중 유류분(遺留分) 소송과 이혼에 따른 재산분할 중 재산분할 대상이 권리금인 사건이 다소 특이하여 기억에 남는다. 유류분 소송은 제시된 기준시점을 기준하여 평가대상의 가격을 산정하는 일반적인 내용이나 유류분이라는 생소한 단어를 이해하게 되었으며, 이혼 시에 권리금도 재산분할의 대상이 될 수도 있으며, 재산 이전 사유가 위자료인지 재산분할인지에 따라 세금이 달라진다는 사실을 알았다.

유류분이란 상속 재산 가운데 상속인이 받을 수 있는 최소한의 상속분을 의미한다. 유언만으로 재산을 자유롭게 상속할 경우, 상속받지 못한 가족의 생활안정을 해칠 우려가 있기 때문에 법으로 최소한의 상속분을 정한 제도이다. 즉, 사망자가 유언으로 모든 재산을 국가에 귀속한다고 하더라도 상속인은 유류분 청구소송을 통해 유류분 비율에 따라 상속을 받을 수 있는 권리이다. 유류분 권리자는 피상속인의 직계비속, 배우자, 직계존속이며, 유류분은 직계비속과 배우자는 법정 상속분의 1/2이며, 직계존속은 법정 상속분의 1/3이다. 최근 형제·자매는 법정 상속분에서 제외되는 등 현실 상황에 맞게 점차 변화되고 있는 추세이다.

권리금 산정방식은 일반부동산 평가방법과 달리 다소 특수하므로 실제 발송한 감정평가서를 수록하였다. 권리금 등의 특수한 물건의 감정평가를 이해함에 다소 도움이 되길 바라며, 권리금 소송 기준시점은 2017년 12월이므로 최근 관련 법령 등의 변경에 따라 차이가 있다.

권리금 산정 감정평가서 예

Ⅰ. 감정촉탁사항 등

1. 감정평가 의뢰인

수원지방법원 가사0단독 재판장.

2. 사건번호 등

- 사 건 : 2017드단 00000000 이혼 등
- 원 고 : 000
- 피 고 : 000

3. 감정목적

000(경기도 000, 100호(000) 43.24㎡)에 대한 감정 당시를 기준으로 한 권리금 산정을 위한 감정평가.

4. 감정목적물

상호명	소재지	면적(㎡)	평가대상
000	경기도 000, 100호	43.24	권리금

5. 감정사항

위 감정목적물에 대하여 감정 당시를 기준으로 한 권리금의 정도.

6. 기타 검토 및 참고사항

본건의 기준시점은 가격조사 완료일인 2017년 12월 15일이며, 권리금을 산정하기 위해 시설물 내역 및 매출자료는 제출된 자료를 기준하였습니다.

II. 대상물건 개요

1. 감정평가의 대상 및 목적

본건은 경기도 화성시 000 소재 "000" 북측에 위치하는 커피숍(000)으로, 귀 법원 사건 『2017드단 000000 이혼 등』(원고: 000, 피고: 000)과 관련하여 상가 권리금 산정을 위한 감정평가 건입니다.

2. 감정평가의 근거

본건은 「감정평가 및 감정평가사에 관한 법률」, 「감정평가에 관한 규칙」등 감정평가 관련 제법령 및 감정평가 일반이론에 따라 평가하였습니다.

3. 대상물건 개요

가. 물건의 개요

(1) 전체 부동산 현황

소재지		경기도 화성시 000
토지	용도지역	자연녹지지역
	이용상황	상업용
	지목/면적	대/500㎡
건물	구조	경량철골구조
	사용승인일	2007.01.15
	규모/연면적	지상1층/302.68㎡

(2) 평가 대상 부동산 현황

상호명	소재지	면적(㎡)	임대내역 (임대계약서)	평가대상
000	경기도 000, 100호	43.24	20,000,000원/ 월1,700,000원	권리금

나. 인근 유사 업종 현황 　　　　　　　　　　 (소상공인시장진흥공단 상권정보시스템)

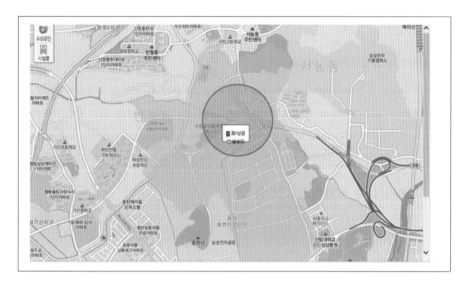

(1) 화성시 유사 업종 추이

업종	2015.06	2015.12	2016.06	2016.12	2017.06	2017.11
커피전문점/카페/다방	526	628	535	796	883	949

(2) 제1상권 유사 업종 추이

업종	2015.06	2015.12	2016.06	2016.12	2017.06	2017.11
커피전문점/카페/다방	6	8	8	11	11	13

4. 기준시점 결정 및 그 이유

본건의 기준시점은 가격조사 완료일인 2017년 12월 15일입니다.

5. 실지조사 실시기간 및 그 내용

본건 평가대상 물건에 대하여 2017년 09월 10일부터 2017년 12월 15까지 현장실사 및 대상물 건의 확인, 기타 가격형성에 영향을 미치는 제반 사항을 조사하였습니다.

III. 기준가치 및 감정평가조건 등

1. 기준가치

대상물건에 대한 감정평가액은 '시장가치' 를 기준으로 하되, 감정평가의 목적 등을 감안하여 결정하였습니다.

2. 감정평가조건

해당사항 없습니다.

3. 기타 검토 및 참고사항

권리금을 산정하기 위해 시설물 내역 및 매출자료는 제출된 자료를 기준하였습니다.

IV. 감정평가액 산출방법

1. 감정평가의 방법

감정평가의 방법은 대상 물건의 재조달원가에 감가수정을 하여 대상 물건의 가액을 평가하는 원가법, 대상 물건과 가치형성요인이 같거나 비슷한 물건의 거래사례와 비교하여 대상 물건의 현황에 맞게 사정보정, 시점수정, 가치형성요인 비교 등의 과정을 거쳐 대상 물건의 가액을 평가하는 거래사례비교법, 대상 물건이 장래 산출할 것으로 기대되는 순수익이나 미래의 현금흐름을 환원하거나 할인하여 대상 물건의 가액을 평가하는 수익환원법 등이 있습니다.

2. 감정평가방법의 결정

> **상가권리금 감정평가금액 = 유형재산 감정평가금액 + 무형재산 감정평가금액**

가. 본건 권리금의 감정평가는 「감정평가에 관한 규칙」, 「감정평가 실무기준」 등에 의거하여 유형재산과 무형재산을 개별로 감정평가 하였습니다.

나. 유형재산의 감정평가는 영업시설의 경우 원가법을 적용하고, 비품의 경우 해당 물건과 동일 또는 유사성이 있는 비품의 중고시세, 품질, 규격, 자재, 브랜드 및 시장선호도 등을 종합 참작하여 감정평가금액을 결정하였습니다.

다. 무형재산의 감정평가는 수익환원법을 기준으로 결정하되, 기 지불된 권리금 및 인근 권리금 수준 등을 고려하여 합리성을 검토하였습니다.

V. 감정평가액 산출근거

1. 유형재산 감정평가액

가. 개요

유형재산은 시간경과에 따라 그 가치가 하락되며, 상가 및 업종 등의 특성에 따라 개별적으로 제작·설치되는 경우가 많아 개별성이 매우 크며 사용가치와 교환가치의 격차가 매우 큰 특성을 갖고 있습니다. 유형재산 중 대체 가능한 상품이 있거나 유사 신제품 가격 조사가 가능한 경우 원가법을 적용하나, 재산의 특성 등에 따라 원가법 적용이 곤란하거나 부적절한 경우에는 거래사례비교법 등으로 평가하였습니다.

나. 유형재산 귀 제시목록

항 목	수 량	항 목	수 량
커피머신기	1	전기온수기	1
커피그라인더	1	천장형에어컨	1
제빙기	1	에어커튼	3
테이블냉장고(냉동포함)	1	실내테이블(철제)	6
얼음믹서기	3	실내의자(철제+원목)	18
빙수기	1	실외테이블(알루미늄)	7
눈꽃빙수기	1	실외의자(알루미늄)	28
커피온수기	1	싱크대	1
집기 및 자재 등			

다. 원가법에 의한 유형재산 평가액 산정

(1) 산식

$$Pn = C \times \{ 1 - (1 - B) \times \frac{n}{N} \}$$

Pn : 영업시설의 감정평가금액   C : 재조달원가
B : 잔존가치율   N : 경제적 내용년수   n : 경과년수

(2) 재조달원가

재조달원가란 대상물건을 기준시점에 재생산하거나 재취득하는데 필요한 적정 원가의 총액을 의미하며 산정방법은 대상물건으로부터 직접구하는 직접법과 대상과 유사한 물건으로 비교.분석하여 산정하는 간접법이 있습니다.

귀 제시목록의 유형재산의 목록과 동일 또는 유사한 제품의 신품가격과 유사 업종 매장 크기의 인테리어 비용 등을 고려하여 재조달원가를 산정하였습니다.

항 목	재조달원가
커피머신기 등(설비)	18,000,000원
인테리어 (43.24m² 기준)	15,000,000원

(3) 감가수정

감가수정이란 대상물건에 대한 재조달원가에서 물리적, 기능적, 경제적감가 등을 고려하여 그에 해당하는 감가액을 재조달원가에서 공제하여 그 기준시점에 있어서의 대상물건의 가치를 적정화하는 작업으로 영업시설의 감가수정방법은 물건의 성능, 구조 등을 고려하여 정액법으로 결정하였으며 설비의 내용년수 말 잔존가치는 10%, 인테리어의 잔존가치는 없는 것으로 하되, 관찰감가를 병행하였습니다.

항 목	내용년수	잔존년수	잔존가치율	잔가율
커피머신기 등(설비)	7	4	10%	0.614
인테리어 (43.24m² 기준)	5	2	-	0.400

나. 산식

$$V = \sum_{t=1}^{n} \frac{\text{대상상가의 영업이익}_t}{(1+r)^t}$$

V : 무형자산 감정평가금액   r : 할인율 n : 할인기간
대상상가의 영업이익 : 무형재산 영업이익

다. 영업이익의 추정

(1) 귀 제시 기간별 매출액

기 간	매 출 액	월 평균 매출액
2016.03.19~2016.12.31	132,725,000원	13,825,520원
2017.01.01~2017.06.30	124,460,840원	20,743,470원

(2) 귀 제시 기간별 비용

■ 2016.03.19~ 2016.12.31

품명	우유	냉동망고외	일반방제	전기요금	종이컵외	커피재료외
금액	2,386,800	45,200	513,000	1,732,089	4,069,278	3,657,769

품명	기장료	14온스투명컵외	커피링	에스프레소블랜드	지급임차료	합계
금액	300,000	213,000	132,000	15,660,000	15,300,000	44,009,136

- 2017.01.01~ 2017.06.30

품명	우유	냉동망고외	일반방제	전기요금	종이컵외	커피제료외
금액	1,755,000	15,000	342,000	1,127,153	3,588,457	2,678,452

품명	기장료	에스프레소 브랜드	지급임차료	합계
금액	350,000	13,230,000	10,200,000	33,286,062

- 2017.07~ 2017.09 인건비 지급 내역

구분	근무인원수	일평균근무시간	근무일수	지급액
7월	5	7	21	1,200,000
		8	21	1,300,000
		7	21	1,200,000
		7	21	1,200,000
		6	21	1,200,000
		합계		6,100,000
8월	5	7	22	1,200,000
		8	22	1,300,000
		8	22	1,300,000
		7	22	1,200,000
		7	22	1,200,000
		합계		6,200,000
9월	5	7	21	1,100,000
		8	21	1,200,000
		8	21	1,200,000
		7	21	1,100,000
		7	22	1,200,000
		합계		5,800,000

(3) 영업이익의 산정

항목		금액(원)	
		월평균	년(원)
매출액[1]		21,000,000	252,000,000
매출원가 및 판매관리비[2]		15,320,000	183,840,000
영업이익		5,680,000	68,160,000
비현금흐름조정	감가상각비[3]	443,000	5,316,000
	자가인건비[4]	1,440,000	17,280,000
영업이익		3,797,000	**45,564,000**

매출액[1] : 최근 6개월 매출액을 기준하여 산정하였습니다.

매출원가 및 판매관리비[2] : 실제 경비, 임차료, 임금 및 업종별 경비비율을 고려하여 산정하였습니다.

감가상각비[3] : 감가상각비는 유형재산의 시간경과에 따른 가치감소분을 나타내는 것으로 영업이익에 대비하여 발생하는 것으로 조정합니다.

자가인건비[4] : 자가인건비는 투하된 노동력의 대가로서 비용으로 처리되어야 합니다.

(4) 장래 영업이익의 추정

장래 기대 영업이익은 음료가격 상승 등으로 인한 매출증가요인도 있으나 임금상승, 경쟁의 심화 등으로 하락요인도 있으므로 현 시점의 영업이익이 지속될 것으로 판단하였습니다.

구 분	1기	2기	3기	4기	5기
영업이익	45,564,000	45,564,000	45,564,000	45,564,000	45,564,000

라. 무형자산에 상응하는 영업이익

(1) 개요

해당 상가의 전체 영업이익 중 무형재산 권리금에 상응하는 영업이익은 해당 상가가 소재하는 상권의 동종 또는 유사업종 상가의 영업이익 중 무형재산의 기여도를 시장탐문과 기타 자료분석을 통해 산출하여 적용합니다.

(2) 무형재산 비율 추정

해당 상가가 소재하는 인근지역은 현재 삼성DSR타워를 주요 배후지로 하며 인근 권리금 거래 관행을 탐문조사 결과 업종 및 영업의 정도, 매수·매도자의 협상의 정도에 따라 영업이익(자가인건비 공제 후)의 8~15개월 수준 또는 월 임대료의 15~24개월 수준으로 조사됩니다.

해당 상가는 삼성DSR타워를 주요 배후지로 하며 위치 및 주요 상권의 의존도 등을 고려할 경우 무형재산의 비율을 40%(24/60) 수준으로 매년 추정하였습니다.

(3) 무형재산에 상응하는 영업이익

구 분	1기	2기	3기	4기	5기
전체 영업이익	45,564,000	45,564,000	45,564,000	45,564,000	45,564,000
무형재산 기여도	40%	40%	40%	40%	40%
무형재산 상응 영업이익	18,225,600	18,225,600	18,225,600	18,225,600	18,225,600

마. 할인율 결정

(1) 개요

할인율은 미래의 영업이익 또는 현금흐름을 현재가치로 환산하기 위하여 적용하는 비율로 투자자가 어떤 투자안에 투자를 하기 위한 최소한의 요구수익률을 말하며, 할인율산정방법에는 요소구성법에 의한 방법과 가중평균자본비용에 의한 방법 및 시장에서 발표된 할인율을 기준으로 하는 방법 등이 있습니다.

본건 상가는 소규모 근린생활시설이므로 상가의 특성 및 현금흐름형태 등을 고려할 때 무위험률에 위험할증률을 가산하는 요소구성법을 적용하였습니다.

(2) 산식

$$할인율 = 무위험률 \ + 위험할증률$$

(3) 무위험률 결정

연 도	콜금리		단기금융상품			채권	
	무담보	담보	정기예금	CD	CP	국고채 (3년)	회사채 (3년)
2014	2.34	2.53	2.46	2.49	2.60	2.589	8.709
2015	1.65	-	1.75	1.77	1.87	1.794	7.997
2016	1.34	-	1.52	1.49	1.62	1.442	7.929

무위험율은 상기의 자료를 고려하고, 최근 금리동향 등을 고려하여 2%로 결정하였습니다.

(3) 위험할증률

위험할증률은 해당 상가 운영에 따른 위험의 정도, 지역특성, 상권의 성격, 영업에 대한 노하우, 수익성, 경기동향, 상권 및 배후지의 변동가능성, 임대차관계 및 업종별 경쟁관계 등 다양한 요인에 의해 발생할 수 있으며, 대상은 상권의 제약, 경쟁의 심화, 건물의 구조 등으로 고려하여 위험할증률을 11%로 결정하였습니다.

(4) 할인율 결정

무위험률(%)	위험할증률(%)	할인율(%)
2.0	11.0	13.00

바. 무형재산 감정평가액 산정

구 분	1기	2기	3기	4기	5기
무형재산 상응 영업이익(원)	18,225,600	18,225,600	18,225,600	18,225,600	18,225,600
할인율	13%	13%	13%	13%	13%
현가계수	0.8850	0.7831	0.6931	0.6133	0.5428
무형재산 현가금액(원)	16,130,000	14,272,000	12,632,000	11,178,000	9,893,000
합계	64,105,000				

VI. 권리금 감정평가액 결정

본건 감정평가대상인 권리금에 대하여 지역 및 상권 특성, 개별 영업 및 시설 등으로 고려하여 아래와 같이 권리금을 산정하였습니다.

유형자산 금액	무형재산 금액	권리금 감정평가액
17,052,000	64,105,000	81,157,000

상기 결정된 권리금액은 「감정평가 및 감정평가사에 관한 법률」, 「감정평가에 관한 규칙」, 「감정평가에 실무 규정」 등 관련 규정 및 이론에 근거하였으며, 기지불된 권리금 및 인근 권리권 가격 수준 등을 고려하여 최종 감정평가액으로 결정하였습니다.

예시된 권리금 감정평가서가 표준적인지 자신할 수는 없다. 다만 권리금 산정에 어떤 내용을 포함하고 있는지, 어떤 방법으로 산정되는지 등 기본적 내용이 기재되어 있으므로 권리금 산정을 위한 감정평가를 이해하는 데 다소 도움이 되었으면 한다.

여담으로 법원에서 의뢰되어 수수료를 단순히 평가금액 기준으로 480,000원을 청구하였는데 조사기간이나 평가기간을 고려하면 많이 부족하다는 생각이 든다. 앞으로 이런 특수한 물건이 의뢰되면 증액 신청을 하여 진행할 생각이다.

기타

경매, 소송 외에도 「채무자 회생 및 파산에 관한 법률」에 따라 채무자의 재산가액 산정을 위한 감정평가도 시행되며 이 감정평가서 또한 법원에 제출되어 채무 변제금액이나 회생 여부 등의 판단에 활용된다. 법원에 등록되지 않은 상태에서 처리한 경험이 있으므로 반드시 관할 법원에 등록된 감정인이 수행하지 않아도 되는 것으로 보인다. 일반시가 목적의 감정평가나, 채무자의 입장에서는 적정 가격의 범위 수준에서 보수적으로 산정되는 것이 유리하다고 판단된다.

공매 및 국·공유재산 매각, 임대 등

공매

공매란 압류한 재산이나 물건 따위를 공공기관이 일반인에게 입찰이나 경매 등의 방법으로 매각하는 것을 의미하며 민사상의 강제집행으로 그 목적물을 환가 처분하는 것과 국세체납 처분절차의 최종 단계로서 압류재산을 강제적으로 환가 처분하는 것, 수탁재산의 공매, 유입자산의 공매, 국유재산의 매각, 대부를 위한 공매가 있다. 공매는 통상 한국자산관리공사가 온비드(ONBID)라는 전자입찰시스템으로 진행하며, 공매 물건의 종류는 부동산, 차량, 유가증권, 회원권 등 다양하다.

공매와 경매는 적용법규 및 진행 절차가 상이하므로 동일한 부동산에 대하여 공매와 경매가 비슷한 시점에 진행할 수 있으며 이러한 경우 공매나 경매의 낙찰자 중 매각잔금납부를 먼저 한 사람이 우선한다. 공매와 경매는 권리분석 등의 유사성도 있지만 인도명령에서 큰 차이가 있다. 경매는 인도명령에 의해 점유 가능하나 공매는 이러한 제도가 없어 명도소송을 통해 점유를 확보하여야 한다. 감정평가 방식은 경매와 유사하나, 공매를 수행하기 위한 감정평가사의 경력 제한은 없다.

국·공유재산 매각, 임대

국유재산이란 국가의 부담, 기부채납이나 법령 또는 조약에 따른 국가 소유의 재산을 말하는 것으로 「국유재산법」이 적용되며, 공유재산은 지방자치단체 소유의 재산을 의미하며 「공유재산 및 물품관리법」이 적용된다. 국·공유재산은 다양한 목적을 위해 평가되며, 평가 목적에 따라 적용법규가 달라지므로 평가 목적을 정확히 확인하여 감정평가를 시행하여야 한다.

국·공유재산은 행정재산과 일반재산으로 대별된다. 행정재산은 공용재산, 공공용재산, 기업용재산, 보존용재산으로 구분되며 행정재산 외의 재산은 일반재산이다. 행정재산은 공익적 성격을 가지고 있으므로 기본적으로 처분의 제한이 있으나 행정재산이 공익성이 상실한 경우 등은 용도폐지를 하여 일반재산으로 전환된다. 행정재산은 교환하거나 양여할 경우 등의 금액 산정이 필요한 경우 예외적으로 감정평가를 시행한다.
일반재산은 처분이 가능하므로 매각 등 필요한 때에 감정평가에 의한다. 또한 국·공유재산을 임대할 경우에도 임대료 산정을 위한 기초가격이나 임대료를 직접 산정하기 위해 감정평가 한다.

국·공유재산의 처분은 경쟁 입찰이 원칙이지만 예외적으로 제한경쟁이나 지명경쟁 등 수의계약이 가능하다. 경쟁 입찰의 경우에는 각자의 필요에 의해 입찰하여 진행하므로 경매·공매의 부동산 투자의 개념과 유사하지만, 수의계약의 경우 인근 토지와 밀접한 관계가 있을 수 있다.

다음 지도를 예시하여 본다. (출처: kakaomap)

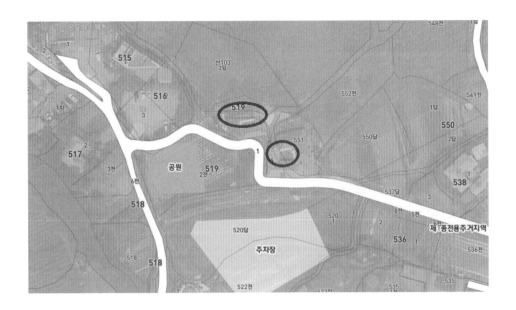

　빨간색으로 표시된 부분은 국·공유지 지목 "도로"이지만 현황은 개인 주택 안에 있는 토지이므로, 행정재산으로 볼 여지가 없다. 이러한 토지를 개인 점유자에게 매각하는 것을 불하(拂下)라 하며 점유자는 국·공유재산 매수청구를 통해 불하받을 수 있다.

　국·공유지 재산은 용도폐지를 전제하므로 도로가 아닌 인근 토지의 이용상황을 고려하여 대지를 기준하여야 하며 입찰방식은 일반적인 공개입찰이 곤란하므로 점유하고 있는 점유자에게 지명입찰이 되어야 한다. 이처럼 매도자와 매수자가 한정되어 있어 부동산가격이 정상가격과 차이가 있으며 이들 당사자 간에 형성되는 가격을 한정가격(限定價格)이라 한다. 인근 정상적인 대지 가격을 100으로 볼 경우 불하되는 토지 가격을 어느 정도 수준에서 결정할 것인지가 관건이다. 이 경우 불하되는 토지의 개별적 효용성을 볼 경우 50 정도이나 합병 후 정상적인 대지가 100이니 이 범위에서 결정된다. 불하되는 토지를 낮게 산정할 경우 개인 점유자에게 불로소득이 되며, 높게 산정할 경우 행정청이 이익을 추구하는 것으로 비판될 수 있으므로 상호 균형성을 찾아야 한다. 이처럼 독자적으로 활용할 수 없는 국·공유지를 불하받기 위한 감정평가의 가격수준은 종전 100을 기준하여 75% 수준이나 현재에는 85% 내외 수준으로 점차 상향되고 있는 추세이나 90% 이상 적용하기는 어렵지 않을까 개인적으로 생각한다. 이러한 가격수준은 국·공유지를 개인에게 불하하는 한정가격으로 적용되나, 개인 간의 한정가격 산정은 각자의 입장과 상황에 따라 차이가 발생할 것이다.

이 외에도 행정청 등에서 행정 목적에 따라 필요한 개인의 재산권을 매수하거나, 사용기간이 만료된 자동차, 비품 등의 불용품 처분 시에도 감정평가를 하고 있다.

개발제한구역 내 토지 매수 등

개발제한구역이란 도시가 무질서하게 외곽지역으로 확산되는 것을 방지하기 위해 토지 외곽의 녹지지역을 대상으로 지정하는 구역으로 개발제한구역 내에는 구역의 지정 목적에 지장이 없는 건축물만 설치할 수 있는 등 행정적으로 가장 강력한 제한으로 개인의 재산권행사에 많은 제한이 있지만 개발제한구역에 따른 제한은 특별한 희생에 해당되지 않아 손실보상의 대상이 되지 않는다. 하지만 개발제한구역에 따른 개인의 재산권행사에 제한이 발생한 경우 「개발제한구역의 지정 및 관리에 관한 특별조치법」 제17조(토지매수의 청구)에 근거하여 국토부장관에게 매수청구를 할 수 있다. 매수청구의 요건은 개발제한구역의 지정에 따라 개발제한구역의 토지를 종래의 용도로 사용할 수 없어 그 효용이 현저히 감소된 토지나 그 토지의 사용 및 수익이 사실상 불가능하게 된 경우이며 매수청구가 가능한 토지의 소유자는 개발제한구역이 지정될 당시부터 계속하여 해당 토지를 소유한 자, 토지의 사용·수익이 사실상 불가능하게 되기 전에 해당 토지를 취득하여 계속 소유한 자, 위에 해당하는 자로부터 해당 토지를 상속받아 계속하여 소유한 자이다. 매수대상토지의 구체적인 판정기준은 「개발제한구역의 지정 및 관리에 관한 특별조치법 시행령」 제28조(매수대상토지의 판정기준) 등에 규정되어 있다.

개발제한구역 내 토지 매수의 특징은 소유자의 매수청구에 의해 이루어지는 협의 매수이다. 매수청구에 따라 매수심의위원회를 거쳐 매수 여부를 결정하며, 매수 결정 후 2곳의 감정평가를 통해 협의 금액이 결정된다. 협의 금액산정은 「공익사업을 위한 토지 등의 취득 및 보상에 관한 법률」을 준용하나 협의 금액에 대해 소유자가 이의가 있는 경우 협의 불성립 이후 재결 등의 절차가 없고 다만, 매수청구를 철회할 수 있다. 감정평가 등에 드는 비용은 국토교통부장관이 원칙적으로 부담하나, 매수청구인이 정당한 사유 없이 매수청구를 철회하면 비용의 전부 또는 일부를 매수청구인에게 부담시킬 수 있으니 유의 바란다.

한강유역환경청에서도 수도권 주민의 식수원인 팔당호 유역의 수질개선을 위해 「한강수계 상수원 수질개선 및 주민지원 등에 관한 법률」에 근거하여 매수청구에 따라 협의 취득하는 제도가 있다. 토지매수 대상지역은 상수원보호구역으로 둘러싸인 지역 중 상수원보호구역으로 지정·공고되지 아니한 지역, 수변구역으로 둘러싸인 지역 중 수변구역으로 지정·공시되지 아니한 지역 등이며 개발제한구역 내 토지 매수 제도와 유사하며 세부적인 사항은 관할청에 문의하여 확인 바란다.

상속 및 증여 재산가액 평가

  상속세 및 증여세의 기준이 되는 재산가액은 상속개시일 또는 증여일 현재의 시가(時價)를 원칙으로 하나 예외적으로 보충적인 방법으로 기준시가를 기준으로 할 수 있다. 시가는 통상적인 감정평가의 시장가치와 유사하며 부동산의 특성상 개인이 시가를 판단하여 진행하기 어렵다. 따라서 통상 2곳 이상의 감정평가를 시행하여(기준시가 10억 이하 1곳) 감정평가액으로 신고하거나 기준시가를 기준하여 선택적으로 진행하고 있다. 재산가액을 감정평가액이나 기준시가를 기준하여 신고하는 것은 선택적 사항으로 개별적 상황에 맞게 세무전문가와 상의해서 진행하면 될 것이다.

  기준시가에 대해서는 부동산 가격공시업무 장에서 보다 상세히 설명하고 최근 꼬마빌딩과 관련된 증여 · 상속과 관련하여 국세청에서 발표한 내용을 정리해 본다.

  증여 · 상속 관련 재산가액은 결국 시가 또는 기준시가, 감정평가 중 어느 금액으로 결정할지가 그 핵심이다. 이와 관련해서 국세청은 고가 꼬마빌딩의 상속 · 증여세를 위해 2020년부터 감정평가를 시행하여 결정하기로 하였다. 꼬마빌딩은 정식 용어는 아니며 정확한 기준 또한 없지만 통상 5층 내외 수준의 부동산 개념으로 이해가 된다. 꼬마빌딩은 시가 산정이 어려워 기준시가를 활용하여 신고하였으나, 이는 시가 파악이 잘되는 아파트 등의 부동산과 과세형평의 문제가 대두되어 국세청이 사후적으로 감정평가를 통해 증여·상속 재산가액을 조정하고자 하는 것이다.

상속·증여 재산가액 사례 예시

구분	기준시가 기준	감정평가 기준	비고
상속·증여가액	13억	20억	상속·증여시점 : 기준시가 13억
향후 양도차익	9억	2억	감정평가 20억 양도시점시점 : 22억 가정

지금까지는 납세자가 시가 또는 보충적인 방법인 기준시가, 감정평가 중 선택하여 진행할 수 있었지만, 변경된 사항은 신고기간에 납세자가 기준시가를 기준하여 13억에 신고를 하더라도 국세청은 이후 감정평가를 시행하여 감정평가액 20억을 기준으로 상속·증여세를 결정하여 과세형평성을 제고하겠다는 의지이다. 지역 및 물건에 따라 차이가 있으나 기준시가와 감정평가액의 격차가 현실적으로 크므로 상속·증여세가 상당히 증가될 것으로 예상된다. 하지만 향후 매도할 경우에는 양도차액은 기준시가를 기준할 경우보다 줄어들므로 양도소득세는 낮아질 것이다. 재산가액을 감정평가를 통해 결정할 사안이라면 납세자는 사전적으로 감정평가 방안을 검토하여 적정한 가격 범위 내에서 유리한 방향으로 진행하는 게 나을 것으로 보인다.

참고적으로 증여와 관련하여 증여일로부터 5년 이내에 양도할 경우 취득가액은 증여금액이 아닌 증여자의 취득 당시의 취득금액이 되며, 이를 이월과세라 한다. 증여 후 5년 이상을 보유해야 양도소득에 대한 절세 효과가 발생한다.

리츠(REITs, Real Estate Investment Trusts) 관련 감정평가

　리츠란 다수의 투자자로부터 자금을 모아 부동산을 매입하거나 프로젝트 개발, 부동산 관련 유가증권에 투자하여 발생하는 수익을 투자자에게 돌려주는 주식회사 형태의 부동산 간접투자상품을 말한다. 부동산투자회사에 편입되는 부동산의 가격 산정은 「부동산투자회사법 시행령」 제16조(현물출자)에 근거하여 감정평가의 주 방식을 수익환원법을 적용하고 있으며, 수익환원법을 적용하는 것이 불합리한 재산의 경우 다른 방법으로 산정하도록 규정하고 있다. 수익환원법을 주 방식으로 규정하고 있는 것은 투자대상이 주로 임대 목적 등의 수익형 부동산으로 부동산 투자에 대한 수익성 측면의 정보를 제공하는 데에도 유용하기 때문으로 보인다.

　수익방식은 단일기간의 순수익을 적절한 환원율로 환원하여 대상물건의 가격을 산정하는 직접환원법과 대상물건의 보유기간에 발생하는 복수기간의 순수익과 보유기간 말의 복귀가액에 적절한 할인율을 적용하여 현재 가치로 할인한 후 이를 합산하여 산정하는 DCF법(현금흐름할인법)이 대표적이며, 실무적으로는 주로 DCF법을 적용한다.

부동산의 투자측면에서 이해를 돕기 위해 수익방식(직접환원법)에 대해 좀 더 기술한다.

직접환원법에 의한 부동산 가격(V)은 순수익(a)을 환원율(r)로 나누어 산정하며, 산식에서 보듯이 부동산 가격은 순수익과는 정방향, 환원율과는 역방향의 관계이다.

부동산의 투자에 대한 수익 발생은 부동산 보유기간 동안의 임대료 수익(소득수익률)과 부동산 가치증가(자본수익률)로 대별되며 소득수익률과 자본수익률을 합산하면 부동산 투자수익률이 된다.

1년을 기준하여 부동산의 취득 및 매각가격 등 투자 결과의 예를 가정해 정리해 본다.

구분	취득가격(원)	연간 임대료(원)	매각가격(원)	수익률(%)		
				소득수익률	자본수익률	투자수익률
A	100,000,000	5,000,000	100,000,000	5	0	5
B	100,000,000	5,000,000	103,000,000	5	3	8
C	100,000,000	7,000,000	95,000,000	7	-5	2
D	100,000,000	2,500,000	110,000,000	2.5	10	12.5

A 부동산은 취득가격과 매각가격이 동일한 것으로 연간 임대료 수익만 발생한다. 순수익을 영구 환원하는 직접환원법의 기본적인 형태이며 환원율은 5%(5,000,000원/100,000,000원)로 매각가격이 변농이 없다면 환원율과 소득수익률은 같다.

B 부동산은 연간 임대료 수익 외에도 처분 시 매각이익이 발생하고 있다. 일반적인 부동산형태로 보이며 소득수익률 5%, 자본수익률이 3%로 투자수익률은 8%이다. 자본수익률이 발생하는 만큼 직접환원법을 기준할 경우 환원율은 4.85%(5,000,000원/103,000,000원)로 5%보다 줄어든다. 즉 자본수익률과 환원율은 반비례 관계가 형성된다.

C 부동산은 연간 임대료 수익은 A, B보다 높으나 매각가격이 취득가격보다 낮아 자본수익률이 마이너스이다. 이러한 부동산의 형태는 모텔이나 목욕탕 등 감가상각이 심한 유형이 될 것이다. 소득수익률은 높지만 자본수익률이 마이너스를 기록하여 환원이율은 7.36%(7,000,000원/95,000,000원)으로 5%보다 증가된다.

D 부동산은 연간 임대료 수익은 낮으나 매각가격이 높아 자본수익률이 크다. 고가아파트 등의 주거용 부동산으로 임대료 수준은 낮으나 매각차익이 높은 부동산이 해당될 것이다. 소득수익률은 낮으나 자본수익률이 높기 때문에 환원율은 2.27%(2,500,000원/110,000,000원)으로 5%보다 낮아진다.

투자자의 요구수익률과 해당 부동산의 투자수익률을 비교하여 투자에 대한 의사결정 기준이 될 것이며 통상 부동산투자의 경우 대출을 시행하므로 대출에 따른 레버리지 효과에 대해서도 추가 예시한다.

대출내역 예시

구분	취득가격(원)	연간 임대료(원)	매각가격(원)	대출내역		
				대출금액(원)	이자율(%)	이자금액(원)
A-1	100,000,000	5,000,000	100,000,000	40,000,000	4	1,600,000
A-2	100,000,000	5,000,000	100,000,000	60,000,000	4	2,400,000
B-1	100,000,000	5,000,000	103,000,000	40,000,000	4	1,600,000
B-2	100,000,000	5,000,000	103,000,000	60,000,000	4	2,400,000
C-1	100,000,000	7,000,000	95,000,000	40,000,000	4	1,600,000
C-2	100,000,000	7,000,000	95,000,000	60,000,000	4	2,400,000
D-1	100,000,000	2,500,000	110,000,000	40,000,000	4	1,600,000
D-2	100,000,000	2,500,000	110,000,000	60,000,000	4	2,400,000

대출 상황에 따른 지분수익률

구분	지분투자금액 (원)	연간 지분수익 (원)	매각 후 지분 배분액(원)	지분수익 (원)	지분수익률 (%)	대출 없는 경우 투자수익률(%)
A-1	60,000,000	3,400,000	60,000,000	3,400,000	5.67	5
A-2	40,000,000	2,600,000	40,000,000	2,600,000	6.50	5
B-1	60,000,000	3,400,000	63,000,000	6,400,000	10.67	8
B-2	40,000,000	2,600,000	43,000,000	5,600,000	14.0	8
C-1	60,000,000	5,400,000	55,000,000	400,000	0.67	2
C-2	40,000,000	4,600,000	35,000,000	-400,000	-1.0	2
D-1	60,000,000	900,000	70,000,000	10,900,000	18.17	12.5
D-2	40,000,000	100,000	50,000,000	10,100,000	25.25	12.5

연간 지분수익 = 연간 임대료 - 이자금액

매각 후 지분배분액 = 매각금액 - 대출금액

지분수익 = 연간 지분수익 + (매각 후 지분배분액 - 지분투자금액)

지분수익률 = 지분수익/지분투자금액

레버리지 효과란 타인의 차입한 금액에 따라 자기자본의 이익률이 변화되는 효과를 말한다. 차입한 이자율과 투자 부동산의 투자수익률을 비교하여 투자수익률이 이자율보다 높을 경우 자기자본으로 투자한 수익률보다 높아지는 양의 레버리지가 발생하고, 투자수익률이 이자율보다 낮은 경우 자기자본으로 투자한 수익률보다 낮아지는 음의 레버리지 효과가 발생한다. 상기 A, B, D의 예처럼 투사수익률이 이사율에 비해 높을 경우 타인자본비율이 높을수록 지분수익률은 더 높아지는 양의 레버리지 효과가, C의 예처럼 투자수익률이 이자율에 비해 낮을 경우 지분수익률이 낮아지는 음의 레버리지 효과가 발생한다.

임대보증금은 임차인에게 사용의 대가로 지불하는 대여금 형태이나 임대보증금에 대한 이자지급이 없으므로 부동산 가격 상승 시에는 투자자에게 많은 이익이 발생되며, 이러한 투자방식을 일명 '갭투자'라고 한다. 하지만 부동산 가격이 하락할 경우에는 투자 손실의 위험성이 있으며 일명 '깡통주택'으로 임차인 등에게 피해가 갈 수 있으므로 유의하여야 할 것이다.

부가가치세 산정

부가가치세란 제품이나 용역이 생산·유통되는 모든 단계에서 기업이 새로 창출한 가치인 '부가가치'에 대해 부과하는 세금으로 「부가가치세법」이 기본 법률이다. 부동산에 대해서도 부가가치세가 부과되나 토지 및 국민주택규모의 주택(전용면적 85㎡ 이하)에 대해서는 비과세이다. 따라서 부동산에 대한 부가가치세는 국민주택규모를 제외한 건물에 해당되므로 기존 부동산을 거래하거나 신축된 부동산을 분양받을 경우, 토지와 건물 등을 함께 공급하는 경우 건물 등의 공급가액에 해당하는 부분에 부가가치세가 부과된다.

부가가치세 관련 감정평가는 토지와 건물의 안분(按分) 비율을 산정하기 위해 진행되며 주로 신축하여 분양하는 부동산이 대상이 된다.

「부가가치세법 시행령」 제64조(토지와 건물 등을 함께 공급하는 경우 건물 등의 공급가액 계산)에서 부가가치세 산정은

1. 토지와 건물 또는 구축물 등(이하 이 조에서 "건물 등"이라 한다)에 대한 「소득세법」 제99조에 따른 기준시가(이하 이 조에서 "기준시가"라 한다)가 모두 있는 경우 : 공급계약일 현재의 기준시가에 따라 계산한 가액에 비례하여

안분 계산한 금액. 다만 감정평가액[제28조에 따른 공급시기(중간지급조건부 또는 장기할부판매의 경우는 최초 공급시기)가 속하는 과세기간의 직전 과세기 간 개시일부터 공급시기가 속하는 과세기간의 종료일까지 「감정평가 및 감정평 가사에 관한 법률」 제2조 제4호에 따른 감정평가업자가 평가한 감정평가가액 을 말한다. 이하 이 조에서 같다]이 있는 경우에는 그 가액에 비례하여 안분 계 산한 금액으로 한다.

2. 토지와 건물 등 중 어느 하나 또는 모두의 기준시가가 없는 경우로서 감정 평가액이 있는 경우 : 그 가액에 비례하여 안분 계산한 금액. 다만, 감정평가 가액이 없는 경우에는 장부가액(장부가액이 없는 경우에는 취득가액)에 비례하 여 안분 계산한 후 기준시가가 있는 자산에 대해서는 그 합계액을 다시 기준시 가에 의하여 안분 계산한 금액으로 한다.

3. 제1호와 제2호를 적용할 수 없거나 적용하기 곤란한 경우 : 국세청장이 정하는 바에 따라 안분하여 계산한 금액으로 규정하고 있다.

토지와 건물 등을 함께 공급하는 부동산의 부가가치세 신고는 세무사의 전문 적 영역으로 세부적 사항은 한계가 있으나 부가가치세 산정을 위한 감정평가 실무 경험을 토대로 감정평가 효과에 대해 기술해 본다.

토지와 건물 등을 함께 공급하는 부동산의 부가가치세는 토지 · 건물의 기준 시가 또는 감정평가를 통해 토지 · 건물 안분 비율을 결정하고 있는 것으로 보 인다. 부가가치세는 건물에 대해 부과하므로 분양가격에서 토지비율이 높을수 록 줄이든다. 토지의 기준시가는 지가가 높은 지역에서 실세 가격 반영률이 낮 으므로 기준시가보다는 감정평가를 통해 토지 · 건물 안분 비율을 산정하는 것 이 유리해 보인다. 부가가치세 산정을 위한 감정평가는 토지만을 의뢰받아 평 가하는 방법, 토지 · 건물 가액을 각각 산정하여 산정된 토지 · 건물 가액비율 을 사업시행자가 제시한 분양가격에 적용하는 방법, 분양가격을 산정한 후 별 도로 토지 · 건물 가액을 각각 산정하여 이 비율을 분양가격의 토지 · 건물 가액 비율로 적용하는 방법이 있다. 개인적으로는 마지막 방법인 분양가격을 산정한 후 토지 · 건물 가액을 각각 산정하여 이 비율을 분양가격의 토지 · 건물 가액비율로 적용하는 방법이 적정한 분양가격도 제시되므로 효율적으로 보인다.

　부가가치세는 분양받은 자가 부담하여 납부하는 것으로 부가가치세 절감에 따른 사업시행자의 이익의 변화는 없는 것으로 보인다. 하지만 실무적으로 분양받는 자가 부가가치세를 환급받는 법인이 아닌 개인의 경우에는 부가가치세를 포함하여 분양가격을 생각하며 사업시행자도 당초 부가가치세를 포함한 금액으로 분양가격을 예상하므로 부가가치세 절세에 따라 사업시행자의 여력이 발생한다. 즉, 사업시행자가 기준시가를 기준한 것보다 감정평가를 통해 건물의 비율을 낮추면 분양가가 낮아지는 효과가 있어 가격경쟁력을 확보하거나 부가가치세 절세를 통한 이익을 증대할 수 있다.

부가가치세 산정 예시

구분		투입비용(원)	기준시가 기준		감정평가 기준	
			공시가격(원)	비율(%)	감정금액(원)	비율(%)
토지		300,000,000	100,000,000	20	200,000,000	28.6
건물		500,000,000	400,000,000	80	500,000,000	71.4
판매관리비		100,000,000				
금융이자		100,000,000				
분양예정가 (12억, 부가세 제외)	토지배분액		240,000,000	20	343,200,000	28.6
	건물배분액		960,000,000	80	856,800,000	71.4
	부가가치세		96,000,000		85,680,000	
	분양가격		1,296,000,000		1,285,680,000	

　분양예정가는 12억(부가세 제외) 수준, 토지 · 건물 가액비율은 기준시가 기준 토지:건물 20:80이나, 감정평가를 시행할 경우 토지:건물 28.6:71.4로 변경되는 것으로 가정하였다.

　상기 예에서 보듯 감정평가를 기준할 경우 기준시가에 비해 부가가치세가

10,320,000원 절세되는 효과가 발생한다. 부가가치세가 절세되는 만큼 사업자에게 직접적인 이익이 발생하는 것은 아니지만 부가세를 포함한 분양가격이 기준시가를 기준한 분양가격보다 낮으므로 가격경쟁력을 확보할 수 있다. 또 다른 방안은 감정평가를 기준한 분양금액을 1,296,000,000원(부가세 포함)으로 적용하면 증가된 분양금액 10,320,000원 중 부가세를 제외한 9,632,000원만큼 사업시행자에게 추가 이익이 발생한다. 감정평가를 기준할 경우 부가가치세 절세에 따라 사업시행자의 선택의 폭이 넓어진다.

분양가격(부가세 포함, A)	부가가치세 비율(B)	분양금액(부가세 제외, C)	비고
1,296,000,000원	0.714×0.1 = 0.0714	1,209,632,000원	C=A/(1+B)

　부동산개발은 통상 도심에서 주로 이루어지고 있으며 이 지역 토지의 기준시가인 개별공시지가는 상대적으로 시세 반영률이 낮으므로 감정평가를 통해 적정한 안분 비율을 산정할 필요가 있다. 다만 감정평가를 하더라도 기준시가로 할 경우의 안분 비율 및 장부가액, 한국부동산연구원, 한국감정평가협회 발간 "법원감정실무"에 예시한 토지·건물 배분비율표를 참작하고 인근 토지의 상황 등을 고려하여 합리적인 수준에서 토지·건물 안분 비율이 결정되어야 할 것이다.

개발부담금

개발부담금이란 개발사업의 시행 또는 토지이용계획의 변경, 기타 사회·경제적 요인에 의하여 정상지가상승분을 초과하여 발생하는 개발이익에 대해 개발사업을 시행하는 자 또는 토지소유자에게 귀속되는 토지가액의 증가분 중 「개발이익환수에 관한 법률」에 의거, 국가가 부과·징수하는 금액을 말한다. 개발부담금 대상 사업 및 면적은 「개발이익환수에 관한 법률」 제5조(대상 사업) 및 시행령 제4조(대상 사업), 제4조의 2(개발부담금 부과 대상 사업의 토지 면적에 관한 임시특례)에서 규정하고 있다.

개발부담금 산정 산식

개발부담금 = [종료시점지가-(개시시점지가+정상지가상승분+개발비용)] × 0.20(또는 0.25)

※ 0.2 또는 0.25 부담률은 「개발이익환수에 관한 법률」 제13조 참조.

이 산식에서 볼 수 있듯이 감정평가의 대상은 종료시점지가와 개시시점지가이다.

종료시점지가는 관계법령에 따라 국가나 지방자치단체로부터 개발사업의 준공인가 등을 받은 날이며 개시시점지가는 사업시행자가 국가 또는 지방자치단체로부터 개발사업의 인가 등을 받은 날을 기준한다.

종료시점지가는 부과종료시점 당시 부과대상토지와 이용상황이 비슷한 표준지공시지가를 기준으로 산정한다. 즉 종료시점 대상과 비교 가능성이 높은 '표준지공시지가 × 토지비준표 × 정상지가변동률(시·군·구의 평균지가변동률)'로 산정된다. 다만 개시시점지가를 매입 또는 취득가격을 기준할 경우에 종료시점지가는 별도의 감정평가를 통해 결정된다.

개시시점지가는 '개시시점 개별공시지가 × 정상지가변동률(시·군·구의 평균지가변동률)'이나 경매나 입찰로 매입하거나 국가나 지방자치단체 등으로부터 관련 규정에 의하여 매입한 경우 등 일부 경우에는 실제의 매입가액이나 취득가액에 정상지가상승분을 반영하여 개시시점지가로 할 수 있다. 또한 종료시점지가 및 개시시점지가를 산정함에 있어 해당 토지의 개별공시지가가 없거나, 종료시점지가를 산정할 때 매입가격으로 개시시점지가를 산정한 경우에는 감정평가액으로 개시시점지가나 종료시점지가로 산정할 수 있다.

개발부담금 개시시점 및 종료시점 지가 산정방법

개시시점 개별공시지가가 있는 경우	개시시점의 개별공시지가가 없는 경우		
	개시시점 매입가격, 종료시점 처분가격이 있는 경우	개시시점 매입가격만 있는 경우	매입가격, 처분가격 등 모두 없는 경우
- 개시시점지가는 개별공시지가에 정상지가상승분 반영 - 종료시점지가는 인근 유사 표준지 기준하여 토지비준표, 정상지가상승분 반영	- 개시시점지가는 매입가격에 정상지가상승분 반영 - 종료시점은 처분가격	- 개시시점지가는 매입가격에 정상지가상승분 반영 - 종료시점은 감정평가	- 개시시점, 종료시점 감정평가를 통해 결정

개시시점이나 종료시점 지가 산정 시 개별공시지가나 인근 유사 비교표준지를 기준하여 정상지가상승분을 반영한다는 의미는 지가산정에 있어 중요한 그밖의 요인을 보정하지 아니하고 공시지가를 기준하여 산정한다는 의미이다. 이에 비해 감정평가에 의해 개시시점이나 종료시점을 산정한다는 것은 인근 비

교표준지를 기준하여 산정하되, 그 밖의 요인을 반영하여 실제 가격수준으로 결정한다는 의미가 된다. 개발부담금 산정과 관련하여 공시지가를 기준으로 산정된 개별공시지가를 검증 의뢰하여 처리하는 경우도 있으며 개발부담금 산정을 목적으로 감정평가를 통해 처리하기도 한다.

적용 방식에 따라 개발부담금의 차이가 발생할 수 있으므로 사전에 담당공무원에게 문의하여 진행할 필요성이 있으며, 개발부담금 산정도 행정처분이므로 행정심판(중앙토지수용위원)을 청구하거나 행정소송의 대상이 된다.

지적재조사에 의한 조정금 산정

우리나라의 지적은 일제강점기에 작성되어 사용해 왔으나, 지적공부의 등록 사항이 토지의 실제 현황과 불일치하는 면적이 전 국토의 15% 수준으로 매우 높은 실정으로 이를 조정하기 위해 지적재조사사업을 시행하고 있다. 지적재 조사사업이란 지적공부의 등록사항을 조사 · 측량하여 기존의 지적공부를 디지 털에 의한 새로운 지적공부로 전환하고, 토지의 실제 현황과 일치하지 않는 경 우 이를 바로잡기 위해 실시하는 국가사업으로 「지적재조사에 관한 특별법」이 제정되었다.

지직불부합지란 지적공부상의 경계, 면적, 위치의 등록사항이 실제 현황과 일치하지 아니하는 것을 말하며, 개략적으로 지적불부합지에 대하여 지적 측 량 등을 통해 경계복원 및 지적공부정리를 통하며, 경계확정으로 지적공부상 의 면적이 증감된 경우에는 증감내역을 기준으로 조정금을 산정하며 이때 감정 평가를 시행한다. 다만, 토지소유자협의회가 요청하는 경우에는 개별공시지가 로 산정할 수 있다.

고유번호	4143011100 - 10332 -			토지 대장		도면번호	8	발급번호	202041430-00061-3417
토지소재	경기도 의왕시					장 번 호	1-1	처리시각	14시 36분 51초
지 번	332-2	축 척	수치			비 고		발 급 자	인터넷민원

토지 대장

토지표시			소유자		
지 목	면 적(㎡)	사 유	변 동 일 자	주 소	
			변 동 원 인	성명 또는 명칭	등 록 번 호
(05) 임야	616.8	(55)2016년 12월 22일 지적재조사 완료	1990년 07월 18일 (03)소유권이전		
(05) 임야	309.5	(20)2019년 10월 21일 분할되어 본번에 -13을 부함	2019년 06월 17일 (03)소유권이전		
		--- 이하 여백 ---		--- 이하 여백 ---	

등 급 수 정 년 월 일					용도지역 등
토 지 등 급 (기준수확량등급)					
개별공시지가기준일	2017년 01월 01일	2018년 01월 01일	2019년 01월 01일	2020년 01월 01일	
개별공시지가(원/㎡)	634800	719400	765200	872600	

토지 대장에 의하여 작성한 열람본입니다.
2020년 5월 31일

경기도 의왕시장

[토지] 경기도 의왕시   332-2

【 표 제 부 】 (토지의 표시)

표시번호	접 수	소 재 지 번	지 목	면 적	등기원인 및 기타사항
~~1~~ ~~(전 1)~~	~~1990년7월18일~~	~~경기도 의왕시 332-2~~	~~임야~~	~~586㎡~~	
					부동산등기법 제177조의 6 제1항의 규정에 의하여 2000년 06월 05일 전산이기
~~2~~	~~2016년12월28일~~	~~경기도 의왕시 332-2~~	~~임야~~	~~616.8㎡~~	~~지적재조사 완료~~
3	2019년10월21일	경기도 의왕시 332-2	임야	309.5㎡	분할로 인하여 임야 307.3㎡를 경기도 의왕시 332-13에 이기

고유번호	4143011100 - 10474 -			토 지 대 장		도면번호	15	발급번호	202041430-00061-3419
토지소재	경기도 의왕시					장 번 호	1-1	처리시각	14시 39분 29초
지 번	474-2	축 척	수치			비 고		발 급 자	인터넷민원

토 지 표 시				소 유 자			
지 목	면 적(㎡)		사 유	변 동 일 자	주 소		
				변 동 원 인	성명 또는 명칭		등 록 번 호
(02) 답	4094.7		(55)2016년 12월 22일 지적재조사 완료	2015년 06월 10일			
				(03)소유권이전			
(02) 답	2047.3		(40)2017년 02월 02일 분할되어 본번에 -8, -9를 부함	2017년 02월 28일			
				(03)소유권이전			
(03) 과수원	2047.3		(40)2017년 04월 18일 지목변경	--- 이하 여백 ---			
	--- 이하 여백 ---						

등 급 수 정 년 월 일							
토 지 등 급 (기준수확량등급)							
개별공시지가기준일	2017년 01월 01일	2017년 07월 01일	2018년 01월 01일	2019년 01월 01일	2020년 01월 01일		용도지역 등
개별공시지가(원/㎡)	162400	176100	182800	188800	198000		

토지 대장에 의하여 작성한 열람본입니다.
2020년 5월 31일

경기도 의왕시장

[토지] 경기도 의왕시   474-2

【 표 제 부 】 (토지의 표시)

표시번호	접 수	소 재 지 번	지 목	면 적	등기원인 및 기타사항
1 (전 2)	1983년 8월 25일	경기도 시흥군 474-2	답	4565㎡	
					부동산등기법 제177조의 6 제1항의 규정에 의하여 2000년 06월 05일 전산이기
2		경기도 의왕시 474-2	답	4565㎡	2000년10월26일 행정구역명칭변경으로 인하여 2000년10월26일 등기
3	2016년12월28일	경기도 의왕시 474-2	답	4094.7㎡	지적재조사 완료
4	2017년2월3일	경기도 의왕시 474-2	답	2047.3㎡	분할로 인하여 답 1023.7㎡를 경기도 의왕시 474-8, 답 1023.7㎡를 동소 474-9에 이기
5	2017년4월20일	경기도 의왕시 474-2	과수원	2047.3㎡	지목변경
6	2020년7월3일	경기도 의왕시 474-2	과수원	1023㎡	분할로 인하여 과수원 1024.3㎡를 경기도 의왕시 474-10에 이기

실제 지적재조사에 따라 면적이 변경된 토지의 공부를 예시하였다.

2016년 12월 22일 지적재조사에 의해 332-2는 종전 586㎡에서 30.8㎡ 증가되어 616.8㎡이며, 474-2는 4,565㎡에서 470.3㎡ 감소되어 4,097.7㎡이다. 332-2는 증가된 면적 30.8㎡만큼 납부하여야 하며, 474-2는 감소된 470.3㎡만큼 받는다. 증감에 따른 조정금은 감정평가에 의한다. 조정금 산정을 위해 개별요인을 비교할 때에는 증감되는 부분만이 아닌 증감 전후의 필지 상태로 고려하여야 하며, 가격수준 또한 증감에 따라 균형성 있게 산정되어야 할 것이다. 예외적으로 개별공시지가로도 가능하다고 규정하고 있으나 개별공시지가 자체가 실제 가격 수준에 미달하므로 증가되어 조정금을 납부하는 소유자는 이득이 될 수 있으나 면적이 감소하여 조정금을 받는 소유자에게는 불이익 될 가능성이 높으므로 개별공시지가로 조정금을 산정하기에는 어렵지 않을까 판단된다.

조정금 산정 자체도 처분의 성질을 갖고 있으므로 「지적재조사에 관한 특별법」 제21조2(조정금에 관한 이의신청)에 "수령통지 또는 납부고지를 받은 날로부터 60일 이내에 지적소관청에 이의신청을 할 수 있다"라고 규정하고 있으며 이외에도 행정심판이나 행정소송이 가능하다.

임대아파트 분양전환 감정평가

임대아파트란 무주택 저소득층의 주거안정을 위해 정부와 주택 기금의 자금으로 소형 평수를 건축하여 임대하는 아파트를 말하며, 국민임대아파트, 공공임대아파트, 장기전세주택매입임대아파트, 행복주택, 뉴스테이 등이 있다. 의무임대기간이 만료된 후 분양전환이 가능한 임대아파트가 있으며 이때 분양전환금액에 대하여 감정평가를 시행한다.

분양전환에 따른 감정평가 수수료는 공공주택사업자가 비용을 부담하며, 시장·군수·구청장이 2곳의 감정평가법인을 선정하여 공공주택사업자 또는 임차인이 감정평가법인을 선정하여 줄 것을 요청한 날을 기준시점으로 감정평가한다. 감정평가 결과에 대하여 공공주택사업사 또는 임차인 과반수 이상의 동의를 받은 경우 한 차례 재평가할 수 있으며, 이 경우에는 이의신청 한 자가 비용을 부담한다. 이의신청 사유로는 1. 관계 법령을 위반하여 감정평가가 이루어진 경우, 2. 부당하게 평가되었다고 인정하는 경우이다. 분양전환가격이 마음에 들지 않는 경우 부당하게 평가되었다고 볼 수 있을지는 의문이지만 공공주택사업자 또는 임차인이 분양전환가격에 불만이 있는 경우 부당하게 평가되었다고 이의신청을 하고 있으며, 지자체는 이를 접수하여 재평가를 진행하고 있다.

공공건설임대주택 분양전환가격의 산정 기준은 「공공주택 특별법 시행규칙」 제40조 별표7에서 다음과 같이 규정하고 있다.

가. 임대의무기간이 10년인 경우 분양전환가격은 감정평가금액을 초과할 수 없다.

나. 임대의무기간이 5년인 경우 분양전환가격은 건설원가와 감정평가금액을 산술 평균한 가액으로 하되, 공공임대주택의 건축비 및 택지비를 기준으로 분양전환 당시에 산정한 해당 주택의 가격(이하 "산정가격"이라 한다)에서 임대기간 중의 감가상각비(최초 입주자 모집 공고 당시의 주택가격을 기준으로 산정한다)를 뺀 금액을 초과할 수 없다.

임대의무기간에 따라 산정기준이 구분되어 있으며, 10년의 경우 감정평가액을 상한선으로, 5년의 경우 감정평가액과 분양 당시의 건설원가의 산술평균가액으로 하되, 건축비 및 택지비를 기준으로 한 분양전환 당시 산정가격에서 감가상각비를 차감한 금액을 상한으로 규정하고 있다. 아파트 가격이 상승하는 추세이면 규정상 임대의무기간 5년이 감정평가액을 상한으로 하는 10년에 비해 임차인에게 유리한 것으로 보인다.

입주 시기와 분양전환 시기의 아파트 가격이 격차가 낮으면 감정평가를 통해 원만히 분양 전환되나 입주 시기에 비해 분양전환 시기에 아파트 가격이 크게 상승한 경우에는 공공주택사업자와 임차인 간의 자본이득에 대한 배분 문제가 발생된다. 임대기간 동안의 아파트 가격 상승의 자본이득을 공공주택사업자가 모두 향유하기에는 건축 당시 임대아파트로서 공공성을 인정받아 저렴한 택지공급과 금융지원 등을 받고 건축되었기에 다소 부당해 보인다.

최근 판교에 소재하는 아파트 가격이 급등하여 이 지역에 소재하는 10년 임대아파트의 분양전환가격에 대한 관심이 대두되었다. 10년 임대아파트 분양전환가격 산정을 위한 감정평가는 시장가치를 기준하도록 되어 있으며, 아파트의 가격을 산정하는 것은 어려운 작업은 아닐 것이다. 하지만 제도의 취지, 평가목적과 공공주택사업자와 임차인의 입장을 고려한다면 감정평가액을 결정하는 과정은 그리 쉽지는 않다. 감정평가액을 상한선으로 규정하고 있을 뿐 제도의 취지나 평가목적, 이해관계인의 입장을 반영할 수 있는 제도적 장치가 없어 분양전환과 관련하여 많은 민원이 발생하고 있다. 5년과 10년을 구분하여 규정한 당시에는 지금처럼 아파트 가격이 급등할 것을 예상하지 못했을 것이다. 개인적으로 임대기간을 5년과 10년 따로 구분할 필요가 있을까 생각되며, 제도 개선의견은 재산세나 종합부동산세 산정에 적용되는 공정시장가액비율 개념을 도입하여 공공주택 분양전환비율을 신설하여 적용해 보는 것이 어떨까 생각해 본다. 담당평가사는 시장가치를 기준으로 감정평가하면 분양전환가격 결정은 감정평가 금액구간별 공공주택 분양전환비율을 적용하는 것이 업무의 효율성이 높을 것으로 생각된다.

당사자가 아니면 관심분야가 아닐 수 있으나, 공공주택사업자와 임차인 모두 당초 평가액에 대해 이의신청 한 사례의 내용을 요약해 기재하니 제3자의 입장에서 생각해 보길 바란다.

공공주택사업자 이의신청 제출의견
감정평가는 시장가치를 기준하여 감정평가를 하여야 하나 분양전환 목적이 감안되어 당초 감정평가금액이 너무 낮게 산정되었다. 분양전환가격은 김징평가액을 상한으로 공공주택사업사와 입주자의 협상을 통해 결정될 사안으로 감정평가사가 임의로 판단할 사항이 아니므로 시장가치를 기준으로 적정하게 재평가되어야 한다.

입주자 의견
공공임대주택 제도의 취지에 맞게 현실적으로 입주 가능할 수 있도록 원가방식으로 평가되어야 하며, 분양전환 가격이 높으면 임차인의 우선 분양전환 권리가 실질적으로 박탈되며 공공주택사업자의 이익만 극대화된다. 또한 공공건설임대아파트는 건설 당시 공공성이 인정되어 혜택이 많은 점을 고려하면 국민의 주거생활 안정에 기여하도록 낮은 수준에서 결정되어야 할 것이다.

공기업 등의 공공사업 관련 감정평가

한국토지주택공사의 주요 업무는 도시조성 및 재생, 지역균형, 공공주택, 주거복지 사업 등 공공사업을 수행하며 서울도시공사, 경기도시공사 등의 공기업에서도 지역별 공공사업을 수행하고 있다. 이러한 공공사업과 관련하여 필요에 따라 보상, 매입, 매각, 임대료 산정 등 부동산 가격 산정과 관련하여 많은 감정평가를 시행하고 있다. 이 중 일반인 소유의 다가구주택이나 다세대주택을 공사에서 매입하여 임대하는 매입임대주택 제도에 대해 언급한다.

매입임대주택이란 저소득층 주거안정을 위해 다가구주택 등의 기존 주택을 매입하여 개·보수 후 시중 전세가의 30% 수준으로 저렴하게 공급하는 공공임대주택으로 2곳의 감정평가법인의 산술 평균한 금액으로 매입금액을 결정한다.

매입대상주택은 공사마다 다소 차이가 있을 수 있으나, 건축법시행령에 따른 호별 전용면적 85㎡ 이하 다가구 및 공동주택(다세대·연립, 도시형생활주택), 전용면적 40㎡ 이하 주거용 오피스텔이며, 주거용 오피스텔과 공동주택이 같이 있는 건물 한 동 전체를 신청할 경우에는 오피스텔 면적이 40㎡를 초과

(85㎡ 이하)하더라도 매입 가능하다. 세부적 사항은 해당 기관에 확인 바란다.

매입절차는 서류접수 및 심사, 현장실태 조사, 매입심의위 심사, 감정평가, 매매협의, 계약체결, 소유권 이전등기이며, 매입기준은 생활 편의성 등 입지 조건, 건물 노후 정도, 주택 관리상태, 토지형상, 임대 가능 호수, 매입가격 등을 종합적으로 검토한다.

매입임대주택을 기술한 것은 최근 신축된 다세대주택, 다가구주택 등이 일반 분양하기가 어렵거나 매입임대주택으로 매각할 목적으로 개발하는 경우가 있기 때문에 참고적으로 언급하였다. 매입임대주택으로 감정평가 하는 경우 일반인에게 개별 분양하는 것보다 금액이 낮지만 일괄 매각되어 자본회수가 빠르며, 미분양의 위험을 줄이는 등의 장점이 있다. 또한 매입임대주택 외에도 매입 확약형이라는 PF 형태의 사업도 진행되고 있으므로 관심 있는 분은 해당 기관에 문의하여 확인 바란다.

일조권 · 조망권

　일조권이란 건물을 지을 때 인접 건물에 일정량의 햇빛이 들도록 보장하는 권리이며, 조망권은 특정 위치에서 자연, 역사 유적 등의 밖의 경관을 볼 수 있는 권리이다. 인근에 신축되는 건물 등으로 인하여 일조권이나 조망권이 침해받으면, 그 침해의 정도가 수인의 한도를 넘는 경우 손해배상액을 산정한다.

　수인한도의 기준에 대한 일조권의 판례는 일조 방해에 따른 피해의 정도, 피해이익의 성질 및 그에 대한 사회적 평가, 가해 건물의 용도, 지역성, 토지이용의 선후관계, 가해 방지 및 피해 회피의 가능성, 공법적 규제의 위반 여부, 교섭 경과 등 모든 사정을 종합적으로 고려하여 판단하고, 조망권 판례 기준은 조망의 대상이 되는 경관의 내용과 피해(가해) 건물이 입시하고 있는 지역에 있어서 피해(가해) 건물의 위치 및 구조와 조망상황, 특히 조망과의 관계에서의 건물의 건축 · 사용목적 등 조망방해를 회피할 수 있는 가능성의 유무, 조망권 방해에 관하여 가해자 측이 해의를 가졌는지의 유무, 조망이익이 피해이익으로서 보호가 필요한 정도 등 모든 사정을 종합적으로 고려하여 판단하고 있다. 수인의 한도를 판단하는 것은 감정평가사가 아니다. 감정평가사는 일조권이나 조망권 침해에 따른 감정평가를 의뢰하면 그에 따라 감정평가액을 산정한다.

감정평가 방법은 감정평가규칙 제25조(소음 등으로 인한 대상물건의 가치하락분에 대한 감정평가)에서 "감정평가업자는 소음·진동·일조침해 또는 환경오염 등(이하 "소음 등"이라 한다)으로 대상물건에 직접적 또는 간접적인 피해가 발생하여 대상물건의 가치가 하락한 경우 그 가치하락 분을 감정평가 할 때에 소음 등이 발생하기 전의 대상물건의 가액 및 원상회복 등을 고려하여야 한다"라고 규정하고 있다. 실무적으로 일조권·조망권의 대상은 주로 주거용 부동산이므로, 일조권·조망권 침해에 대한 수익방식 적용이 곤란하고, 원상회복비용 등의 산정이 어려우므로, 일조권·조망권 침해 이전의 부동산가격에서 침해의 정도를 고려한 가치감소분을 적용하여 감정평가액을 산정하고 있다. 앞으로도 도심의 고도 개발과 개인의 일조권·조망권 등 권리 확대에 따라 계속적으로 분쟁이 증가될 것으로 예상된다.

주택임대사업자 보증보험 가입

　주택임대사업자가 임대주택을 임대하는 경우 도시보증공사 또는 서울보증보험에 임대보증금에 대해 보증보험을 가입하여 임차인의 보증금에 대해 보증하는 제도로, 이를 위반하여 임대보증금에 대한 보증에 가입하지 아니한 경우 임대보증금의 100분의 10 이하에 상당한 금액(최대 3천만 원)의 과태료를 임대사업자에게 부과한다.

　임대주택의 가격 산정은 감정평가 금액이 있는 경우 최우선 적용하고 감정평가를 하지 않는 경우에는 공시가격이나 KB부동산시세, 한국부동산원 부동산테크시세 등을 적용한다. 공시가격을 적용할 경우에는 공시가격이 일반적인 거래가격 수준에 비해 낮으므로 일정률을 상향하여 적용한다.

　공시가격의 상향 적용률은 부동산의 유형 및 금액에 따라 아래와 같다.

구분	9억 원 미만	9억 원 이상~15억 원 미만	15억 원 이상
공동주택	150%	140%	130%
단독주택	190%	180%	160%
오피스텔	120%		

보증수수료는 통상 임대사업자가 75%, 임차인이 25% 부담하며, 근저당권이나 임대보증금 등의 설정금액이 주택 가격을 초과하는 경우 보증보험에 가입할 수 없으며 임대보증금이 최우선변제금 이하이고 임차인이 임대보증금에 대한 보증에 가입하지 아니하는 것에 동의한 경우 등 보증보험에 가입하지 않아도 되는 경우도 있다.

일반거래(시가참고용)

　우리나라의 각종 법률에서 재산의 가액에 대해 '시가(時價)'라는 용어를 사용하고 있다. 시가의 개념은 법률에 따라 다소 차이가 있으나 불특정 다수인 사이에 자유롭게 거래가 이루어지는 경우에 통상적으로 성립된다고 인정되는 가액이며, 감정평가사가 산정한 감정평가금액 또한 시가로 인정받고 있다. 따라서 상기 기재된 평가 목적 외에도 특수 관계의 법인 간 또는 법인과 개인이 거래하거나 임대할 경우나, 현물출자(법인설립 또는 신주발생 시 현금 이외의 재산 출자하는 것)의 재산가액을 산정하는 경우, 개인사업자에서 법인 전환 시 영업권 평가, 개인 소유의 특허권 등의 무형자산을 법인에 매매형태로 이전하는 경우, 공익법인의 재산 평가 등 다양한 목적으로 감정평기 되고 있다.

　최근에는 감정평가사가 아닌 자가 시세확인서 등의 명목으로 부동산가격을 산정한 자료를 제시하여 감정평가에 영향을 미치려고 한다. 시세확인서 등 유사 감정평가 행위는 법률 위반에 해당되며 한국감정평가사협회 차원에서 대응하고 있다. 이와 별도로 시세확인서 자체가 소유자의 필요와 요청에 의해 작성된 것으로 객관성, 공정성을 확보할 수 없을 것이다. 실제로 공인중개사나 지인을 통해 발급한 시세확인서 등의 서류를 제출하는 소유자가 있으나 시세확인서 등은 아무런 효력도 없고 이를 참고할 감정평가사도 없다. 소유자가 시세확인서 등을 발급받은 이유는 이해되나 감정평가와 관련하여서는 아무런 실익이 없음을 강조한다.

III. 부동산 가격공시제도

부동산 관련 세금에는 부동산의 취득에 필요한 취득세, 보유에 따른 보유세(재산세, 종합부동산세), 매도에 따른 양도소득세, 상속세·증여세 등이 대표적이다. 부동산 관련 세금부과 기준이 되는 가액은 시가(時價)와 토지의 개별공시지가와 같은 기준시가(지방세는 시가표준액)로 대별된다. 통상 취득세, 양도소득세는 시가를 기준으로 산정되며, 지방세인 재산세는 시가표준액, 국세인 종합부동산세는 기준시가를 기준하여 산정한다. 보유세의 기초가 되는 부동산 가격공시제도와 부동산 관련 세금에 대해 간략히 언급해 본다. 다만 부동산 관련 세금 부분은 당초 세금 전문가가 아니며 개인의 상황에 따라 복잡하고 정책에 따라 수시로 변경되므로 참고 자료로 한정하여 이해하기 바란다.

개념의 정리

부동산 가격공시제도는 토지 등의 부동산의 적정가격을 공시하여 부동산의 적정가격형성과 각종 조세·부담금 등의 형평성을 도모하고 국민경제의 발전에 기여하는 것을 목적으로 하며 「부동산 가격공시에 관한 법률」이 기본 법률이다. 부동산 공시가격은 재산세, 종합부동산세 등의 기준이 되므로 우리의 생활과 밀접한 관계가 있다.

부동산 공시가격은 부동산의 유형에 따라 아파트 등 공동주택, 단독주택, 토지, 비주거용 부동산으로 구분하여 산정·공시하고 있다. 이를 기초로 지방세는 시가표순액, 국세는 기준시가라는 밍칭으로 보유세 등의 산정 기준이 된다.
부동산 공시가격은 공시지가, 시가표준액, 기준시가 등 다양한 용어가 등장하여 다소 혼동을 가져올 수 있으므로 관련 용어의 개념부터 설명한 후 부동산 유형별 공시가격과 이와 관련된 세금에 대해 설명한다.

부동산 세목별 고시대상 및 보유세 관련 과세표준

구분	과세대상	공시가격	과세표준	비고
국세 (기준시가)	공동주택	공동주택가격	(공시가격-공제금액) × 공정시장가액비율	종합 부동산세
	단독주택	개별주택가격		
	토지	개별공시지가		
	비주거용 부동산	공시가격 및 계산		
지방세 (시가표준액)	공동주택	공동주택가격	공시가격 × 공정시장가액비율	재산세
	단독주택	개별주택가격		
	토지	개별공시지가		
	비주거용 부동산	계산		

국세는 기준시가를, 지방세는 시가표준액을 기준으로 세금을 부과한다. 국세인 종합부동산세의 과세표준은 '(공시가격−공제금액) × 공정시장가액비율'이며, 지방세인 재산세의 과세표준은 '공시가격 × 공정시장가액비율'이다. 종합부동산세와 재산세의 공정시장가액비율은 개념은 동일하나 적용률은 다르다. 종합부동산세 공정시장가액비율은 60~100% 범위에서 시행령으로 정하며 2020년도에 90%, 2021년도 95%, 2022년도 이후 60%를 적용하고 있으며, 재산세 공정시장가액비율은 단독주택 및 공동주택의 주택은 60%, 토지 및 건물은 70%로 물건별로 달리 적용한다.

부동산 공시가격은 부동산의 유형에 따라 공동주택, 단독주택, 토지, 비주거용 부동산으로 구분하여 각각 공시되며, 국세 기준인 기준시가와 지방세 기준인 시가표준액의 기준이 되는 공시가격은 비주거용 부동산을 제외하고는 동일하다. 따라서 세금부과의 주체에 따라 기준시가, 시가표준액으로 구분되며, 세부적인 과세대상의 공시가격은 공동주택, 단독주택, 토지는 기준시가와 시가표준액은 동일하나 비주거용 부동산의 경우에는 국세인 기준시가와 지방세인 시가표준액의 산정 방식에 차이가 있다.

기준시가 검색창

상기 창에서 볼 수 있듯이 기준시가의 공시가격은 공동주택, 단독주택, 토지, 비주거용 부동산으로 구분된다. 비주거용 부동산의 경우 오피스텔 및 상업용 건물과 그 외로 구분되며 오피스텔 및 상업용 건물 고시는 2020년 1월 1일부터 시행되었으며 고시대상은 서울, 경기, 인천 수도권 및 5대 지방광역시, 세종특별자치시에 소재하는 오피스텔 및 연면적 3,000㎡ 또는 100개 호 이상인 건물이다. 비주거용 부동산 중 고시되지 않는 그 외의 경우에는 토지는 개별공시시가, 건물은 국세청 건물기준시가를 합산하여 적용한다.

시가표준액 중 공동주택, 단독주택, 토지의 공시가격은 기준시가와 동일하나, 비주거용 부동산의 경우에는 차이가 있다. 지방세 비주거용 부동산은 토지는 개별공시지가, 건물은 행정안전부 기준에 의거 지방자치단체장이 고시한 건물시가표준액으로 이를 합산한다.

감정평가법인 등에 속한 감정평가사가 표준지 공시지가 및 개별지가 검증 업무를 수행하며 그 외 공동주택 및 표준주택, 개별주택 검증 등은 한국부동산원에서 수행한다.

공동주택 가격공시

공동주택이란 건축물의 벽·복도·계단이나 그 밖의 설비 등의 전부 또는 일부를 공동으로 사용하는 각 세대가 하나의 건축물 안에서 각각 독립된 주거생활을 할 수 있는 구조의 주택을 말하며 아파트, 연립주택 및 다세대주택이 이에 해당되고 한국부동산원에서 전 호수를 대상으로 조사·산정하여 각 호수의 가격을 공시한다.

지난 2020년 수립된 공시가격 산정방법은 2019년 말 시세 × (2019년 현실화율 + α)로 2035년까지 공시가격을 시세의 90% 수준까지 현실화율을 점진적으로 반영하여 시세와 공시가격의 격차를 해소하여 과세형평성 등을 도모하고자 하였다. 부동산 가격이 상승하는 상황에서 부동산 상승률에 비해 공시가격이 이를 반영하지 못하거나 고가의 부동산일수록 공시가격이 상대적으로 낮은 불합리성을 해소하기 위함으로 보인다. 이러한 산정방식은 최근 국토교통부에서는 전년도 공시가격 × (1 + 시장변동률)로 현실화율을 제외하고 시장변동률을 적용할 것으로 발표하였다. 부동산시장이 하향 안정화되더라도 현실화율이 오르면 공시가격이 상승해 보유세 부담이 증가하여 시장상황과 납세자의 심리적 괴리 등을 보완하기 위한 것으로 보인다. 이렇듯 공동주택 공시가격 산정방식은 시장상황 및 정부 정책 방향에 따라 달리 적용된다.

한국부동산원에 근무한 경험이 없어 공동주택 공시가격 업무를 직접 수행한 적은 없지만 공동주택 전 호수를 대상으로 가격을 산정하는 것으로 이는 거래사례비교법에 의해 일반적인 감정평가와 동일할 것이다. 현실화율을 적용한 한 동의 공동주택 가격 산정 과정을 예시한다.

대한빌라(2개 동 10개 호) 공동주택 공시가격 산정 과정 예시

동·호수	전유면적(㎡)	거래내역(2년간)			'20년 공동주택 공시가격
		거래시점	거래금액	전유면적단가(원/㎡)	
101동 101호	60	'18.09	180,000,000	3,000,000	117,504,000
101동 201호	60	'19.12	180,000,000	3,000,000	122,400,000
101동 301호	60	'19.03	186,000,000	3,100,000	122,400,000
101동 401호	60				122,400,000
101동 501호	60	'19.06	174,000,000	2,900,000	119,952,000
102동 101호	70				134,089,200
102동 201호	70	'19.09	203,000,000	2,900,000	139,801,200
102동 301호	70				139,801,200
102동 401호	70	'19.11	196,000,000	2,800,000	139,801,200
102동 501호	70				136,945,200

거래사례의 선정

거래사례 중 대표성이 인정된다고 판단되는 101동 201호를 기준 호수로 선정한다.

시점수정

거래시점과 공시기준일 간의 시간적 불일치를 해소하기 위해 수정하는 작업으로 부동산 유형에 따라 고시된 변동률을 적용하며 계산의 편의상 없는 것으로 한다.

기준 호수 101동 201호를 기준으로 각 동·호수의 가치형성요인을 비교한다.

가치형성요인 분석

- 주거용 집합건물의 가치형성요인

구분	항목	
단지 외부요인	■ 대중교통의 편의성 ■ 도심지 및 상업, 업무시설과의 접근성 ■ 공공시설 및 편익시설과의 배치	■ 교육시설 등의 배치 ■ 차량이용의 편리성 ■ 자연환경(조망, 풍치, 경관 등)
단지 내부요인	■ 시공업체의 브랜드 ■ 건물의 구조 및 마감상태 ■ 단지 내 면적구성(대형, 중형, 소형)	■ 단지 내 총 세대수 및 최고층수 ■ 경과년수에 따른 노후도 ■ 단지 내 통로구조(복도식/계단식)
호별 요인	■ 층별 효용 ■ 위치별 효용(동별 및 라인별) ■ 내부 평면방식(베이) ■ 기타 서비스면적(테라스 등)	■ 향별 효용 및 조망 ■ 전유부분의 면적 및 대지사용권의 크기 ■ 간선도로 및 철도 등에 의한 소음
기타 요인	■ 기타 가치에 영향을 미치는 요인	

101동은 남동향, 102동은 남향으로 102동이 101동에 비해 향에서 3% 우세하며, 층별요인은 1층은 2층에 비해 4% 열세, 2, 3, 4층은 동일하고, 맨 위층인 5층은 2% 열세하며, 전유면적에서 70㎡ 타입이 60㎡보다 5% 열세한 것으로 적용한다.

가치형성비교치

동·호수	기준 호수	가치형성요인(호별요인)			
		향별	층별	면적	적용치
101동 101호	101동 201호	1.00	0.96	1.00	0.960
101동 201호	101동 201호	1.00	1.00	1.00	1.000

101동 301호	101동 201호	1.00	1.00	1.00	1.000
101동 401호	101동 201호	1.00	1.00	1.00	1.000
101동 501호	101동 201호	1.00	0.98	1.00	0.980
102동 101호	101동 201호	1.03	0.96	0.95	0.939
102동 201호	101동 201호	1.03	1.00	0.95	0.979
102동 301호	101동 201호	1.03	1.00	0.95	0.979
102동 401호	101동 201호	1.03	1.00	0.95	0.979
102동 501호	101동 201호	1.03	0.98	0.95	0.959

　동일 단지 내 위치하여 단지 외부요인, 단지 내부요인, 기타요인은 동일하여 호별요인을 기준으로 가치형성비교치를 적용하였다.

공동주택 공시가격 산정

　기준 호수 101동 201호 전유면적 기준 3,000,000원/㎡을 적용하면 아래와 같이 개별 공동주택 가격은 산정된다.

20년 공동주택 공시가격 결정

동·호수	기준 호수 단가(원/㎡)	가치형성요인 비교치	산출단가 (원/㎡)	전유면적 (㎡)	시세	현실 화율	'20년 공동주택 공시가격
101동 101호	3,000,000	0.960	2,880,000	60	172,800,000	0.68	117,504,000
101동 201호	3,000,000	1.000	3,000,000	60	180,000,000	0.68	122,400,000
101동 301호	3,000,000	1.000	3,000,000	60	180,000,000	0.68	122,400,000
101동 401호	3,000,000	1.000	3,000,000	60	180,000,000	0.68	122,400,000
101동 501호	3,000,000	0.980	2,940,000	60	176,400,000	0.68	119,952,000
102동 101호	3,000,000	0.939	2,817,000	70	197,190,000	0.68	134,089,200
102동 201호	3,000,000	0.979	2,937,000	70	205,590,000	0.68	139,801,200
102동 301호	3,000,000	0.979	2,937,000	70	205,590,000	0.68	139,801,200
102동 401호	3,000,000	0.979	2,937,000	70	205,590,000	0.68	139,801,200
102동 501호	3,000,000	0.959	2,877,000	70	201,390,000	0.68	136,945,200

산정 예시와 같이 시점수정치는 부동산 유형에 따라 고시된 자료를 적용하므로 거래사례 선정과 가치형성비교치 적용에 따라 금액이 다소 달라진다. 담당하는 감정평가사의 재량적인 측면이 있지만 대표성 있는 거래사례를 선정과 현실 상황을 반영할 수 있는 범위 안에서 가격형성비교치를 적용하여야 할 것이다.

단독주택 가격공시
(표준주택, 개별주택가격)

　단독주택의 공시가격 산정은 대상부동산과 비교 가능성이 높은 인근 표준주택을 선정하여 개별 단독주택의 토지 · 건물 특성을 비교하여 가격을 결정하는 방식으로 한국부동산원에서 선정 · 조사하는 표준주택를 기준으로 지자체에서 토지 · 건물 개별 특성을 조사하고 「주택가격비준표」를 활용하여 개별주택가격을 산정하며 감정평가사의 검증을 거친 후 결정한다.

표준주택

　표준주택이란 용도지역, 건물구조 등이 일반적으로 유사하다고 인정되는 단독주택 중에서 선정한 표준주택에 대하여 매년 공시기준일(1월 1일) 현재의 적정가격을 말한다.

　표준주택가격 산정의 목적은 매년 공시기준일 현재의 단독주택에 대한 적정가격을 평가 · 공시하여 국가 · 지방자치단체 등의 기관이 행정목적으로 개별주택가격을 산정하는 경우에 그 기준으로 적용하기 위해 표준주택가격을 공시한다.

표준주택가격은 국가·지방자치단체 등이 그 업무와 관련하여 개별주택가격을 산정하는 경우에 그 기준이 되며, 개별주택가격 및 공동주택가격은 주택시장의 가격정보를 제공하고, 국가·지방자치단체 등이 과세 등의 업무와 관련하여 주택의 가격을 산정하는 경우에 그 기준으로 활용될 수 있다. 하지만 토지평가 등에 널리 활용되는 표준지에 비해 그 활용성이 한정된다.

표준주택 선정 기준은 토지·건물로 구분하여 토지는 표준지와 동일하게 지가의 대표성, 토지특성의 중용성, 토지용도의 안정성, 토지구별의 확정성이 있어야 한다. 건물은 건물가격 수준을 대표할 수 있는 건물 중 인근지역 내 가격의 층화를 반영할 수 있는 건물가격의 대표성, 개별건물의 구조·용도·연면적 등이 동일 또는 유사한 건물 중 건물특성빈도가 가장 높은 건물특성의 중용성, 개별건물의 주변 이용상황으로 보아 건물로서의 용도가 안정적이고 장래 상당 기간 동일 용도로 활용될 수 있는 건물용도의 안정성, 다른 건물과 외곽구분이 용이하고 위치를 쉽게 확인할 수 있는 외곽구별의 확정성이 있어야 한다. 다만, 국가 및 지방자치단체에서 행정목적상 필요하여 표준주택을 선정하여 줄 것을 요청한 특정지역이나 단독주택에 대해서는 지역특성을 고려하여 타당하다고 인정하는 경우에는 표준주택으로 선정할 수 있다. 표준주택은 특별한 사유가 없는 한 교체하지 아니한다.

표준주택의 평가원칙은 적정가격을 기준하며, 실제용도 기준, 공법상 제한상태를 반영하며, 일단지일 경우 일단지 평가를 하며 전세권 등 사법상 제한상태는 고려하지 않으며 필지의 일부가 대지인 주택은 그 내지면적만을 주택부시로 산정한다. 표준주택가격의 결정은 거래사례 등 가격 조사 자료를 충분히 수집하여 정리한 후, 사정보정, 시점수정, 지역요인, 개별요인 비교를 통해 적정한 거래가격의 수준으로 공시비율을 곱하여 표준주택가격을 고시한다.

표준주택 조사·산정의 절차는 다음과 같다. (출처: 한국부동산원)

▶ 조사 · 산정의 절차

표준단독주택 선정	표준단독주택가격 조사 · 산정	중앙부동산 가격공시 위원회	표준단독주택가격 가격공시	이의신청
대표성·중용성 안정성·확장성 이 있는 주택을 선정	표준단독주택가격의 특성 등을 조사하고 시·군·구 및 주택소유자의 의견을 청취한 후 적정가격으로 산정함	산정가격에 대하여 중앙부동산가격공시 위원회의 심의를 받음	매년 1월말경에 공시	공시일부터 30일 이내에 서면으로 제출하면 이의신청기간이 만료된 날부터 30일 이내에 이의신청을 심사하여 그 결과를 신청인에게 서면으로 통지

개별주택가격

　개별주택가격은 국토교통부장관이 매년 공시하는 표준주택가격을 기준으로 시장 · 군수 · 구청장이 조사한 개별주택의 특성과 비교표준주택의 특성을 비교하여 국토교통부장관이 작성, 공급하는 「주택가격비준표」상의 주택특성 차이에 따른 가격배율을 산출하고 이를 표준주택가격에 곱하여 산정한 후 감정평가사의 검증을 받아 주택소유자 등의 의견수렴과 시 · 군 · 구 부동산가격공시위원회 심의 등의 절차를 거쳐 시장 · 군수 · 구청장이 결정 · 공시하는 개별주택의 가격을 말한다.

　주택가격비준표는 대량의 개별주택에 대한 가격을 간편하게 산정할 수 있도록 계량적으로 고안된 주택가격 산정표로 토지비준표와 건물비준표로 구성된다. 토지비준표는 개별공시지가 산정 항목과 동일하며 건물비준표 항목은 건물구조, 지붕구조, 경과년수, 특수부대설비, 옥탑, 지하, 부속건물, 부속용도, 증 · 개축 여부 등이 있다.

　표준주택으로 고시된 주택은 자체적으로 개별주택가격이 되며, 개별주택가격은 주택시장의 가격정보를 제공하고 국가 · 지방자치단체 등의 기관이 과세 등 업무와 관련하여 주택의 가격을 산정하는 경우에 그 기준은 물론 종합부동산세, 양도세 과표, 상속세 및 증여세 과표, 재산세, 취득세, 등록면허세, 재건축부담금, 청약가점제무주택자 분류, 국민주택채권, 주택자금소득공제, 기초연금, 공직자 재산등록, 건강보험료, 부동산 실거래가 신고제도의 검증가격

기준 등에 활용된다.

  조사대상주택은 국세 또는 지방세의 부과대상이며 관계법령에 의하여 주택가격의 산정 등에 개별주택가격을 적용하도록 규정되어 있는 주택, 시장·군수·구청장이 관계행정기관의 장과 협의하여 개별주택가격을 결정·공시하기로 한 주택이다.

개별주택가격 일반적 산정절차

구분	내용
조사대상주택 파악	해당 지자체에서 공시대상 주택을 확정
주택특성조사 및 가격 산정	해당 지자체에서 공시대상 개별주택의 특성 항목을 조사하고 가격형성요인이 비슷한 표준주택를 선정하여 주택가격비준표에 의해 가격 산정 프로그램을 통해 자동으로 산정
산정가격검증	산정된 가격은 통상 한국부동산원 소속 감정평가사가 산정된 가격을 검증함
가격열람 및 의견청취	산정된 가격은 20일간 토지소유자 및 이해관계인에게 열람하고 의견을 수렴하는 사전적 절차임.
부동산가격공시위원회 심의	열람 및 의견제출 후 시·군 부동산가격공시위원회 심의를 거침
개별주택가격 결정·공시	토지소유자에게 개별 통지하며 공시일에 효력이 발생
이의신청 및 처리	결정·공시된 개별주택 가격에 대하여 이의가 있는 경우 이의신청을 할 수 있으며, 개별주택 가격 처분의 효력이 있으므로 행정소송을 제기할 수 있음. 이의신청에 따라 변경된 경우 변경된 내용에 따라 정정함

토지 가격공시
(표준지공시지가, 개별공시지가)

　토지의 공시가격 산정은 대상 토지와 비교 가능성이 높은 표준지를 선정하여 개별토지의 특성을 비교하여 가격을 결정하는 방식으로 한국감정평가사협회 소속 감정평가사가 선정·조사하는 표준지와 이를 토대로 지자체에서 개별토지의 특성을 조사한 내용을 기초로 토지비준표를 활용하여 개별토지의 가격을 산정하여 감정평가사의 검증 후 결정한다.

표준지공시지가

　표준지공시지가라 함은 「부동산 가격공시에 관한 법률」의 규정에 의한 절차에 따라 국토교통부장관은 토지 이용상황이나 주변 환경, 그 밖의 자연적·사회적 조건이 일반적으로 유사하다고 인정되는 일단의 토지 중에서 선정한 표준지에 대하여 매년 공시기준일(1월 1일) 현재의 단위면적당 적정가격을 말한다.

　표준지공시지가의 효력은 토지시장의 지가정보를 제공하고, 일반적인 토지거래의 지표가 되며, 국가·지방자치단체 등이 그 업무와 관련하여 지가를 산정하는 경우에 그 기준이 되고, 감정평가사가 개별적으로 토지를 감정평가 하는 경우 표준지공시지가법에 활용된다.

표준지공시지가 조사 · 산정의 절차는 다음과 같다. (출처: 한국부동산원)

▶ 조사 · 산정의 절차

표준지 선정 기준은 지가수준을 대표할 수 있는 토지 중 인근지역 내 가격의
층화를 반영할 수 있는 표준적인 토지인 지가의 대표성, 개별토지의 이용상황,
면적, 지형지세, 도로조건, 주위환경 및 공적규제 등이 동일 또는 유사한 토지
중 토지특성빈도가 가장 높은 표준적인 토지인 토지특성의 중용성, 개별토지
의 주변 이용상황으로 보아 그 이용상황이 안정적이고 장래 상당 기간 동일 용
도로 활용될 수 있는 표준적인 토지인 토지용도의 안정성, 다른 토지와 구분이
용이하고 위치를 쉽게 확인할 수 있는 표준적인 토지인 토지구별의 확정성을
가져야 한다. 예외적으로 특수토지 또는 용도상 불가분의 관계를 형성하고 있
는 비교적 대규모 필지를 일단지로 평가할 필요가 있는 경우에는 표준지로 선
성하여 개별공시지가의 산성기준으로 활용될 수 있도록 하되, 토지형상 · 위치
등이 표준적인 토지를 선정하며, 국가 및 지방자치단체에서 행정목적상 필요
하여 표준지를 선정하여 줄 것을 요청한 특정지역이나 토지에 대해서는 지역특
성을 고려하여 타당하다고 인정하는 경우에는 표준지로 선정할 수 있다. 골프
장, 스키장, 광천지 등 특수토지는 표준지로 선정하며, 일단지 토지 내에 1개
의 표준지만을 선정한다. 선정된 비교표준지는 특별한 사유가 없는 한 교체하
지 아니하는 것을 원칙으로 한다.

표준지의 적정가격을 조사·평가할 때에는 토지 평가의 일반적 절차와 동일하게 인근지역 또는 동일수급권 안의 유사지역에 있는 거래사례, 평가선례, 조성사례, 분양사례 등과 세평가격 등의 가격자료를 수집하여 정리한다. 수집된 거래사례 등에 거래당사자의 특수한 사정 또는 개별적인 동기가 개재되어 있거나 평가선례 등에 특수한 평가조건 등이 반영되어 있는 경우에는 그러한 사정이나 조건 등이 없는 상태로 이를 조정하는 사정보정, 시점수정, 지역요인, 개별요인 비교 등을 통하여 산정하되 인근지역 등의 유사용도 표준지의 평가가격과 비교하여 그 적정 여부를 검토한 후 평가가격을 결정하되, 유사용도 표준지의 평가가격과 균형이 유지되도록 하여야 한다. 또한 인근 시·군·구의 유사용도 표준지의 평가가격과 비교하여 그 가격의 균형 여부를 검토하여야 한다. 즉 표준지의 공시가격은 일반 토지의 감정평가 및 개별공시지가 산정의 절대적 기준이 되는 등 여러 용도로 활용되기 때문에 개별 표준지의 가격 외에도 인근 표준지와의 균형성 등 여러 요인이 고려되어야 한다.

표준지공시지가 평가의 기준은 적정가격을 기준하여 공부상의 지목에도 불구하고 공시기준일 현재의 이용상황을 기준으로 평가하되, 일시적인 이용상황은 이를 고려하지 아니하며, 토지에 건물 기타의 정착물이 있거나 지상권 등 토지의 사용·수익을 제한하는 사법상의 권리가 설정되어 있는 경우에는 그 정착물 등이 없는 토지의 나지상태를 상정한다. 공법상 용도지역·지구·구역 등 일반적인 계획제한사항뿐만 아니라 개별적인 계획제한사항도 그 공법상 제한을 받는 상태를 기준으로 평가한다. 개발이익은 공시기준일 현재 현실화 또는 구체화되지 아니한 경우를 제외하고 이를 반영하며, 용도상 불가분의 관계의 일단의 토지 중 1필지가 표준지로 선정된 경우 일단지를 1필지로 보고 평가하나 일단지의 일부가 용도지역 등을 달리하는 등 가치가 명확히 구분되어 둘 이상의 표준지가 선정된 때에는 구분된 부분을 각각 일단지로 보고 평가한다.

표준지공시가격을 기준으로 표준지의 토지특성과 개별필지의 토지특성을 비교하여 개별공시지가가 결정되므로 표준지 토지특성이 중요하다. 표준지 토지특성은 가격형성에 영향을 미치는 요인으로 토지소재지, 지목, 면적, 용도지역, 이용상황, 도로접면, 고저 등이 있다. 표준지공시가격은 인근지역의 가격수준 및 토지특성, 인근 표준지와의 균형성 등을 고려하여 담당평가사가 판단하여 결정하므로 일정 부분 재량적 성격을 가지고 있어 공시가격 자체의 높고, 낮음을 가지고 다투기는 어렵다고 생각된다. 하지만 표준지의 토지특성은 물리적 사항으로 오류나 잘못 조사된 사항에 대해서는 당연히 변경되어야 하며 토지특성 변경에 따라 공시가격 자체도 변경될 수 있다.

표준지공시업무는 국토교통부가 표준지 선정 및 가격평가를 한국감정평가사협회로 의뢰하면 부동산가격 조사·평가를 위한 감정평가업자 선정·추천지침에 따른 배정기준에 따라 배정하며, 업무경력 3년 이상 감정평가사가 수행하도록 하고 있다. 표준지공시업무를 수행하는 기간은 공시되는 전년 9월부터 그해 1월까지 공시업무 기간이라 부르며 감정평가사가 가장 바쁜 시기이다. 표준지공시업무 참여자가 해당 지역 개별공시지가 검증업무를 수행하므로 개별공시지가 검증기간까지 고려하면 1년 중 4개월 정도 공시 관련 업무에 소요된다. 투입인원 및 소요기간을 고려하여 보면 표준지공시업무의 양(量)과 중요성을 짐작할 수 있다.

개별공시지가

개별공시지가란 시장·군수 또는 구청장이 국세·지방세 등 각종 세금의 부과, 그 밖의 다른 법령에서 정하는 목적을 위한 지가산정에 사용되도록 하기 위하여 시·군·구 부동산 가격공시위원회의 심의를 거쳐 매년 공시하는 공시기준일 현재 개별토지의 단위면적당 가격을 말한다.

표준지공시지가는 개별필지의 개별공시지가의 효력이 있으며, 개별공시지가는 국토교통부장관이 매년 공시하는 표준지공시지가를 기준으로 시장·군수·구청장이 조사한 개별토지의 특성과 비교표준지의 특성을 비교하여 국토교통부장관이 작성·공급하는 「표준지와 지가산정대상토지의 지가형성 요인에 관한 표준적인 비교표(토지가격비준표)」상의 토지특성 차이에 따른 가격배율을 산출하고 이를 표준지공시지가에 곱하여 산정한 후 통상 해당 지역 표준지공시 업무를 수행한 감정평가업자의 검증을 받아 토지소유자 등의 의견수렴과 시·군·구 부동산가격공시위원회 심의 등의 절차를 거쳐 시장·군수·구청장이 결정·공시한다. 또한 1월 1일부터 6월 30일까지 분할·합병 등의 사유가 발생한 토지는 7월 1을 기준일로 하여 10월 31일까지 개별공시지가를 결정·공시하며 7월 1일부터 12월 31일까지 분할·합병 등의 사유가 발생한 토지는 다음 연도 1월 1일을 기준으로 개별공시지가를 결정·공시한다.

  토지가격비준표란 대량의 개별필지를 간편하게 산정할 수 있도록 계량적으로 고안된 '간이 지가 산정표'로 비교표준지의 개별 특성과 개별필지의 특성을 비교하여 토지가격비준표로부터 도출된 가격배율을 곱하여 개별공시지가가 결정된다. 토지가격비준표 항목에는 ① 지목, ② 면적, ③ 용도지역, ④ 용도지구, ⑤ 기타제한(구역 등), ⑥ 도시계획시설, ⑦ 농지구분, ⑧ 비옥도, ⑨ 경지정리, ⑩ 임야, ⑪ 토지이용상황, ⑫ 고저, ⑬ 형상, ⑭ 방위, ⑮ 도로접면, ⑯ 도로거리, ⑰ 철도/고속도로 등, ⑱ 폐기물/수질오염 18개가 있다. 이 항목 외에도 상권의 성숙도, 주위환경, 배후지 상황 등 가격형성에 미치는 중요한 요인이 있지만, 토지가격비준표 태생 자체가 대량 평가를 위한 자료로 이를 반영하지 못하는 한계점을 지니고 있다. 따라서 토지가격비준표는 실제 감정평가 적용에서는 참고 자료로 활용된다. 토지가격비준표의 배율은 거래사례 분석 등을 통해 비교항목에 대한 요인치가 해마다 제시되며, 형식은 다음과 같으며 각 항목별로 산정된 배율을 곱하여 산정된다.

▸ 세로방향 : 표준지의 특성배율

▸ 가로방향 : 지가산정 대상필지의 특성배율

	대상필지 표준지	대상필지 토지특성				
		저지	평지	완경사	급경사	고지
고지	저지	1.00	1.03	0.93	0.90	0.81
	평지	0.97	1.00	0.90	0.87	0.79
	완경사	1.08	1.11	1.00	0.97	0.87
	급경사	1.11	1.15	1.03	1.00	0.90
	고지	1.24	1.27	1.15	1.11	1.00

표준지 토지특성

● 가격배율 추출 예

표준지의 토지특성	저지	평지	완경사
대상필지의 토지특성	평지	급경사	완경사
가격배율	1.03	0.87	1.00

개별공시지가 일반적 산정절차

구분	내용
토지특성조사	해당 지자체에서 공시대상 필지의 토지 특성 항목을 조사
지가산정	개별공시지가 산정을 위해 가격형성요인이 비슷한 비교표준지를 선정하여 토지특성을 비교하여 토지비준표에 의해 지가산정 프로그램을 통해 자동으로 산정
산정지가검증	산정된 지가는 통상 비교표준지를 산정한 감정평가사가 개별토지의 지가와 인근 토지와의 균형 등의 산정지가를 검증
지가열람 및 의견제출	산정된 지가는 20일간 토지소유자 및 이해관계인에게 열람하고 의견을 수렴하는 사전적 절차임
부동산평가위원회 심의	열람 및 의견제출 후 시·군 부동산가격공시위원회 심의를 거침
결정·공시	토지소유자에게 개별 통지하며 공시일에 효력이 발생
이의신청 및 처리	결정·공시된 개별공시지가에 대하여 이의가 있는 경우 이의신청을 할 수 있으며, 개별공시지가 처분의 효력이 있으므로 행정소송을 제기할 수 있음. 이의신청에 따라 변경된 경우 변경된 내용에 따라 정정함

개별공시지가의 활용은 「소득세법」에 의한 양도소득세의 산정, 「상속세 및 증여세법」에 의한 상속세 및 증여세의 산정, 「종합부동산세법」에 의한 종합부동산세의 산정, 「지방세법」에 의한 재산세 및 취득세, 등록면허세의 산정, 「개발

이익환수에 관한 법률」에 의한 개발부담금의 산정, 「개발제한구역의 지정 및 관리에 관한 특별조치법」에 의한 개발제한구역 보전부담금의 산정 및 개발제한구역 내 토지 매수청구, 「국유재산법」에 의한 국·공유재산의 대부료·사용료 산정, 「기초연금법 시행령」에 의한 기초연금, 「공직자윤리법」에 의한 공직자 재산등록, 「국민건강보험법 시행령」에 의한 건강보험료, 「자동차손해배상 보장법」에 의한 교통사고 유자녀 등 지원 기준, 「조세특례제한법」에 의한 근로장려금의 신청자격 기준에서 활용된다.

개별공시지가와 보상액

보상업무를 하다 보면 피수용자에게 많이 듣는 얘기 중 하나는 보상액이 개별공시지가보다 어느 정도 더 나오는지, 다른 지역은 개별공시지가의 몇 배 나왔으니 최소한 여기는 더 나와야 한다 등 보상액과 개별공시지가를 연관하여 생각하고 있는 것으로 보인다. 피수용자 입장에서는 보상액을 개별공시지가 외에 비교할 자료가 부족하니 이해되는 부분이나 보상평가 결과가 개별공시지가와 차이가 발생하는 것이지 개별공시지가를 기준으로 보상액을 산정하지 않는다. 보상평가와 개별공시지가 산정은 적용하는 법규, 산정주체, 산정방법 등이 다르며, 개별공시지가는 대량 평가를 위해 토지가격비준표를 활용하여 산정되므로 개별적으로 평가하는 보상액과 무관하다고 할 것이다.

통상 공시가격에 대한 이의신청은 세금과 관련되므로 하향 요청이 일반적이나 보상 예정지역에서는 상승 요청이 주를 이룬다. 민원인이 처한 상황에 따라 의견을 제시하는 것은 이해하나 민원인 요청에 의해 공시가격이 변동될 사항은 아니라 본다.

보상액과 개별공시지가와의 차이에 대한 극단적인 예를 들면, 개발제한구역 내 농경지에 불법적으로 주거용 건물을 지은 토지가 있다고 하자. 무허가건물이지만 개별주택 가격도 공시되며, 개별토지의 이용상황은 주거용 부동산으로 쓰고 있으니 원상회복이나 이행강제금 등을 논외로 하고 과세형평상 대지를 기준하여 개별공시지가가 산정될 것이다. 주거용으로 쓰고 있는 것을 불법이라 하여 농경지를 기준하여 과세할 경우 과세형평에 어긋나는 것으로 보인다. 이 필지의 보상액 산정 기준은 개발제한구역 내 농지를 주거용으로 이용하는 것은 불법적 이용상황으로 대지로 평가될 수 없고 농경지를 기준으로 보상액이 산정될 것이다. 보상평가도 현황 기준이 원칙이지만 불법적인 이용상황에 대해서는 인정되지 않는다. 이 경우 보상액이 개별공시지가보다 훨씬 낮게 산정될 것이 자명하다. 실제로도 보상액이 개별공시지가보다 낮게 산정된 경우가 간혹 있는데, 이를 분석하면 대부분 불법적인 이용상황이다.

보상지역 보상액 평균과 개별공시지가 평균 격차율 분석

지목	지역 1)			지역 2)		
	평균보상액 (원/㎡)	평균개별공시지가 (원/㎡)	격차율	평균보상액 (원/㎡)	평균개별공시지가 (원/㎡)	격차율
대	4,452,313	2,565,237	1.74	3,279,887	1,710,343	1.92
전	1,405,921	595,075	2.36	1,578,560	980,124	1.61
답	1,495,607	725,918	2.06	482,499	146,299	3.30
임야	498,582	131,916	3.78	-	-	-

상기 자료는 보상 주민대책위에서 인근 보상된 지역의 보상액과 개별공시지가의 평균 격차율을 분석한 자료이다. 자료 자체의 검증은 의미가 없다고 판단되나 제시된 격차율을 참고하면, 지역 1)은 임야, 전, 답, 대 순으로 가격 격차율이 크므로 상대적으로 대지 표준지공시지가의 시세반영률이 높고, 임야가 낮은 것으로 이해된다. 이는 이용상황에 따른 표준지공시가격의 시세반영률과 유사성을 갖고 있다. 표준지 중 이용상황이 대지는 사용가치가 높고, 농경지, 임야 등은 환가성이나 활용성이 낮으므로 대지에 비해 농경지, 임야 등의 표준지공시가격의 시세반영률이 낮은 것이 일반적이다. 지역 1), 2) 격차율 차이가 발생하는 것도 극히 자유로운 현상으로 이해된다. 지역 1), 2) 보상의 시기는

알 수 없지만 지역 1)의 대와 답 소유자가 지역 2)의 대와 답 가격 격차율보다 낮으니 지역 2) 수준으로 높여 달라고 주장하는 것이 설득력이 있을까. 만약 개별공시지가의 시세반영률이 모두 같다면 가능하지만, 현실은 그렇지 않다. 보상액 산정은 보상액 산정의 기준이 되는 비교표준지와 이와 유사한 인근지역에 보상된 선례나 가격수준을 비교, 검토하여 그 밖의 요인치를 산정·적용하는 것으로 인근에 보상된 지역의 보상금액과 개별공시지가 격차율은 의미가 없다고 생각한다.

보상지역에 포함된다고 하여 공시지가에 대해 민감하게 반응할 필요가 없다고 조언하며, 보상 관련 내용은 보상 편에 보다 상세히 기술하도록 한다.

비주거용 부동산 가격공시

기준시가의 비주거용 부동산의 가격 공시는 토지는 개별공시지가, 건물은 국세청 건물 기준시가를 적용하여 토지·건물 산정된 금액을 합산하여 산정한다. 다만, 2020년 1월 1일부터 서울, 경기, 인천 수도권 및 5대 지방광역시, 세종특별자치시에 소재하는 오피스텔 및 연면적 3,000㎡ 또는 100개 호 이상인 건물을 대상으로 한국부동산원이 산정하여 오피스텔 및 상업용 건물을 별도로 고시하고, 이를 제외하고는 그 외로 분류하여 종전과 같이 산정하고 있다.

고시되는 비주거용 부동산을 제외한 기준시가는 토지는 개별공시지가를, 건물은 국세청 기준시가를 적용하고 있다. 국세청 건물 기준시가는 국세청장이 매년 산정·고시하며 건물의 구조, 용도, 위치, 신축연도 등을 기순하여 ㎡당 금액 = 건물 신축가격기준액 × 구조지수 × 용도지수 × 위치지수 × 경과연수별잔가율 × 개별건물의 특성에 따른 조정률에 의해 산정된다.

2024년 건물 기준시가 산정 예시(철파이프조, 공장)

연도별 ㎡당 건물 신축가격기준액

연도	2024	2023	2022	2021	2020
건축신축가격액(천 원/㎡)	830	820	780	740	730

기본 사항

소재지 : 경상북도 구미시 OOO, 구조 : 철파이프조, 아스팔트슁글지붕, 1층

용도 : 공장(제조 · 가공 · 수리), 상속개시일 : 2023.1.1

공시지가 : 2022.5.31. 964,000원/㎡, 최고층수 및 연면적 : 1층 95㎡

신축연도 : 2009년

건물 기준시가의 계산

구분	적용지수	비고
신축가격기준액	830,000원/㎡	
구조지수	0.59	(11. 경량철골조)
용도지수	0.78	(48. 공장)
위치지수	1.02	(15. 80만 원 이상 ~ 100만 원 미만)
잔가율	0.325	(IV그룹, 2009년 신축, 15년 경과)
조정률	0.90	(1. 아스팔트슁글지붕 / 4.5층 이하)
㎡당 가액	113,000원	(천 원 미만 절사)
면적	95㎡	
건물기준시가	10,735,000원	

※ 세부산정 기준은 국세청에서 매년 발행하는 건물기준시가 산정방법 해설서 참조

    지방세 기준이 되는 시가표준액은 기준시가의 공동주택, 단독주택, 토지 및 고시되는 비주거용부동산의 공시가격과 동일하나 고시되지 않는 비주거용 부동산은 토지는 개별공시지가, 건물은 행정안전부 기준에 의거 지방자치단체장이 고시한 건물시가표준액을 적용하여 기준시가와 차이가 있다.

부동산 공시가격 정리

부동산 공시가격은 부동산 종류에 따라 공동주택, 단독주택, 토지, 비주거용 부동산으로 구분하여 각각 고시되며 고시된 부동산 공시가격은 국세인 기준시가, 지방세인 시가표준액으로 분류된다. 이러한 부동산 공시가격은 재산세, 종합부동산세, 상속세 및 증여세, 양도소득세, 개발부담금, 지역건강보험료 부과 기준 등에서 활용된다. 부동산 공시가격은 행정의 처분성을 갖고 있으므로 사전적으로 의견청취 및 공시 후 이의신청 등의 불복 절차가 있다.

공동주택은 전수를 대상으로 산정하나, 단독주택은 표준주택을 비교하여 개별주택을, 토지는 표준지공시지가를 기준하여 개별공시지가를 산정하는 비교 방식 형태를 취하고 있다. 표준주택이나 표준지공시지가는 개별주택이나 개별공시지가의 효력을 갖는다. 표준주택 또는 표준지에 선정되는 것이 해당 소유자에게 유리하거나 불리한지 의문이 있을 수 있지만 지자체에 영향력을 행사하여 개별주택가격이나 개별공시지가를 마음대로 조정할 수 있다면 모를까 차이는 없는 것으로 판단된다.

구분	공동주택	단독주택		토지	
		표준주택	개별주택	표준지	개별공시지가
주무관청	국토교통부장관	국토교통부장관	지자체장	국토교통부장관	지자체장
수행기관	한국부동산원	한국부동산원	지자체	한국감정평가사협회 감정평가사	지자체

개인별 기준시가 적용 예

소유자	소재지	부동산 종류	기준시가(부동산 공시가격)			
			공동주택	단독주택 (개별주택)	토지(개별공시지가) (원/㎡)	비주거용 부동산
A	1번지 402호	공동주택	3억	-	1,500,000	-
B	2번지	단독주택	-	2억	1,200,000	-

C	3번지	주상용	-	1억	1,300,000	별도계산
D	4번지	나대지	-	-	1,000,000	-
E	5번지 102호	상업용	-	-	1,800,000	4억
F	6번지 503호	오피스텔	-	-	1,700,000	4천

적용 예에서 보듯이 토지 개별공시지가는 부동산 종류에 무관하게 산정하여 고시하고 있다. 소유자별 기준시가를 보면 A는 공동주택 가격 3억, B는 개별주택 가격 2억, D는 개별공시지가에 토지면적을 곱하여 산정한다. E, F는 오피스텔 및 상업용 건물 고시 대상 지역에 해당되어 비주거용 부동산 고시금액을 기준하여 4억, 4천이 된다. 오피스텔 및 상업용 건물 고시 대상지역이 아니면 토지는 개별공시지가, 건물은 국세청 기준시가를 기준하여 계산한다. 소유자 C는 주상용으로 1층은 근린생활시설 2층은 주거용의 복합적 형태를 갖고 있다고 하면 주택 부분은 개별주택가격이 산정되어 고시되므로 이를 기준하여 1억이 되며, 주택 이외 부분은 토지는 개별공시지가, 건물은 국세청 기준시가를 기준하여 계산하여 이를 합산한다. 건물은 실제 용도로 주거용, 주거용 이외로 면적 구분이 가능하면 그 면적 비율에 따라 토지면적을 배분하여 계산한다. 따라서 소유자 C는 주거용 단독주택 1억 원에 비주거용 부동산가격(개별공시지가에 비주거용 토지면적, 건물 기준시가에 비주거용 건물 면적을 적용)을 계산하여 합산한다.

부동산 공시가격 관련 일정개요

구분	내용
2월 중순	표준지공시가격 공시
4월 말	공동주택 및 개별주택 가격 공시
5월 말	개별토지 공시가격 공시
7월	주택분 재산세 납부기간
9월	주택분·토지분 재산세 납부기간
12월	종합부동산세 납부기간

공시가격에 대한 이의신청

　공동주택, 단독주택, 토지 등의 공시가격은 재산세 등의 과세표준이 된다. 통상 세금부담 완화를 위해 산정된 공시가격에 대하여 낮게 조정 요청하는 것이 대부분이나 보상 예정지역이나 개발부담금 산정 등 특수한 경우 상승 요청 의견이 있다. 보상 예정지역은 개별공시지가와 보상액을 연동하여 생각해 상승 요청이 있으나 개별공시지가와 보상액은 무관하다고 앞서 설명한 바와 같다. 개발부담금 대상이 되는 토지는 종전 토지의 개별공시지가가 상승하면 개발이익이 줄어들어 개발부담금이 낮아지는 효과가 발생하므로 상승 요청이 있을 수 있다. 이렇듯 공시대상이 되는 소유자의 이해관계에 따라 상승 또는 하향 요청의 의견이 제시된다.

　하지만 공시가격의 산정은 검토한 바와 같이 표준지, 표준주택의 선정 후 지자체에서 비준표를 활용하여 개별공시지가, 개별주택을 기계적으로 대량으로 산정하는 방식으로 개별부동산의 특성에 따라 결정될 사항으로 각 소유자의 이해관계를 반영할 수 없을 것이다. 따라서 이의신청의 내용에 각자의 입장을 고려해서 이의신청을 하면 기각될 확률이 거의 확실하다. 이의신청의 내용에 이해관계인의 입장 외에도 인근 공시가격과의 불균형이나 전년지가 대비 불균형 등을 함께 기재하는 것이 나을 것이다. 이의신청에 대해서는 담당공무원이 확인하고 이를 담당한 감정평가사가 적정성을 검증하여 반영 여부를 결정한다. 이의신청에 대하여 불이익변경금지원칙이 적용되어 이의신청에 내용에 반하여 조정되지는 않는다. 다만 하향 요청 이의신청에 따라 재검토하였으나 상승요인이 있으면 그해에는 조정되지 않으나 다음 해 공시가격은 상승요인이 반영되어 더욱 높아질 것이다.

부동산 관련 세금

부동산과 관련된 세금은 국세와 지방세로 구분할 수 있다. 국세는 중앙정부의 국세청(세무서), 관세청(세관)에서 부과·징수하는 세금을 말하며 지방세는 지방자치단체인 특별시·광역시·도·시·군·구와 같은 행정기관에서 부과·징수하는 세금이다. 세무 관련 업무는 납세자의 상황에 따라 달리 적용되며, 정부의 정책에 수시로 변경되는 등 전문 분야이므로 필요한 시점에 세무사 등의 전문가를 통해 확인해야 한다. 부동산 관련 세금에 관해 기초적인 수준에서 언급해 본다.

부동산 관련 세금의 종류

구분	국세	지방세제	
		지방세	관련 부가세
취득	상속세, 증여세	취득세	농어촌특별세(국세) 지방교육세
보유	종합부동산세 농어촌특별세 (종부세 관련 부가세)	재산세	지방교육세 지역자원시설세
처분	양도소득세	지방소득세(소득분)	

과세표준이란 소득, 재산, 소비 등에 대한 세액을 산정하기 위한 기준이 되는 가격을 의미하며, 과세표준에 세법에서 정한 세율을 곱한 금액을 산출세액이라 한다.

세금별 과세표준 산정개요

구분	과세표준
취득세	취득금액 단, 시가표준액보다 낮을 경우 시가표준액
재산세	공시가격 × 공정시장가액비율
종합부동산세	(공시가격 - 공제금액) × 공정시장가액비율
상속·증여세	상속·증여 재산가액(시가원칙, 보충적 방법 기준시가) - 각종 공제금액
양도세	양도금액 - 취득금액 - 필요경비 - 각종 공제금액

부동산 취득 관련 세금

부동산을 취득하는 경우 지방세인 취득세와 취득과 관련한 공채매입, 중개수수료, 법무수수료 등이 발생한다. 취득세는 취득한 날부터 60일 이내 과세표준에 취득세의 세율을 적용하여 산출한 세액을 신고하고 납부한다. 과세표준은 세금을 부과하는 기준이 되는 금액으로 당해 자산의 실제 매매가액이나 신고가액이 시가표준액(지방세법 제4조)보다 낮을 경우에는 시가표준액으로 한다.

통상 실제 매매가액이 시가표준액보다 높으나 집합건물 중 3층 이상 또는 지층 상가의 경우에는 실제 매매가액보다 시가표준액이 높은 경우가 발생할 수 있다. 이런 불합리한 경우에는 지방자치단체에 과표조정 신청을 하면 감정평가를 통해 시가표준액을 적정하게 조정할 수 있는 방법이 있는 것으로 알고 있으니 이에 해당하는 경우 지자체에게 문의해 보길 바란다.

취득세율

구분	종류		취득세	지방교육세	농어촌특별세	합계
상속	농지		2.3%	0.06%	0.2%	2.56%
	농지 외		2.8%	0.16%	0.2%	3.16%
증여			3.5%	0.3%	0.2%	4.00%
원시취득			2.8%	0.16%	0.2%	3.16%
유상취득	농지	신규	3.0%	0.2%	0.2%	3.40%
		2년 이상 자경	1.5%	0.1%	-	1.6%
	농지 외(주택 제외)		4.0%	0.4%	0.2%	4.60%
주택 일반과세 (1주택, 비조정 지역2주택)	6억 이하 주택	국민주택규모*	1.0%	0.1%	-	1.1%
		기타	1.0%	0.1%	0.2%	1.3%
	6억 초과 9억 이하 주택	국민주택규모	1~3.0%	0.1~0.3%	-	1.1~3.3%
		기타	1~3.0%	0.1~0.3%	0.2%	1.3~3.5%
	9억 초과 주택	국민주택규모	3.0%	0.3%	-	3.3%
		기타	3.0%	0.3%	0.2%	3.5%

※ 국민주택규모란 전용면적이 85㎡ 이하인 주택을 말한다.

상기 취득세율은 참고적으로 보기 바라며 다주택자가 주택을 취득하는 경우 중과세가 적용되는 등 부동산 유형, 취득원인, 취득금액, 주택소유 여부, 정책 방향 등에 따라 변경되므로 필요에 따라 지방세 위택스 등에서 사전 검토하면 유용할 것이다.

재산세

재산세란 토지·건물 등의 재산을 보유한 자에 대하여 매년 6월 1일 공부상 소유자에게 지방자치단체가 부과하는 세금이다. 따라서 6월 전후 부동산을 매매하는 경우 재산세 부담에 대하여도 고려하여야 할 것이다.

재산세는 과세표준을 기준하여 지방세 세율에 의해 산정된다. 재산세의 과세 표준은 물건별 시가표준액에 공정시장가액비율을 곱하여 산정한 가액으로 한다.

물건별 시가표준액은 단독주택은 개별주택가격, 아파트 등은 공동주택가격을 말하며 건물은 행정안전부 기준에 의거 지방자치단체장이 고시한 건물시가표준액이 되며 토지는 개별공시가격이라 앞서 설명하였다.

공정시장가액비율이란 세금부과 기준이 되는 과세표준을 정할 때 적용되는 공시가격 비율을 말하며 부동산 시장 동향을 반영하여 결정한다. 현재 재산세 산정 공정시장가액비율은 주택은 60%(2023년 1세대 1주택 43~45%), 건물 70%, 토지 70% 수준이다.

주택 재산세율

구분	과세표준	세율	세율특례
주택	6천만 이하	0.1%	0.05%
	6천만 초과 1억 5천만 이하	6만 원 + (6천만 원 초과금액의 0.15%)	3만 원 + (6천만 원 초과금액의 0.1%)
	1억 5천만 초과 3억 이하	19만 5천 원 + (150백만 원 초과금액의 0.25%)	12만 원 + (150백만 원 초과금액의 0.2%)
	3억 초과	57만 원 + (3억 원 초과금액의 0.4%)	42만 원 + (3억 원 초과금액의 0.35%)

* 세율특례적용은 주택공시가격이 9억 원 이하인 1세대 1주택자.

건축물 재산세율

구분	과세표준	세율
일반건축물	-	과세표준의 0.25%(동일)
중과대산 건축물	-	과세표준의 0.40%(동일)
공장용 건축물	-	과세표준의 0.50%(동일)

토지 재산세율

구분	과세표준	세율
종합 합산	5천만 이하	0.2%
	5천만 초과 1억 이하	10만 원 + (5천만 원 초과금액의 0.3%)
	1억 초과	25만 원 + (1억 원 초과금액의 0.5%)

별도합산	2억 이하	0.2%
	2억 초과 10억 이하	40만 원 + (2억 원 초과금액의 0.3%)
	10억 초과	280만 원 + (10억 원 초과금액의 0.4%)
분리과세	-	과세표준의 0.07%(동일) 전·답 등
	-	과세표준의 0.4% 골프장 등
	-	과세표준의 0.2% 그 외 토지

재산세 이외에 지방교육세로 재산세의 20%, 도시지역의 경우 재산세 도시지역분 0.14%, 지역자원시설세가 부과된다. 종합합산 토지는 나대지, 잡종지 등 주로 비사업용 토지이며, 별도합산 토지는 주거용을 제외한 사무실, 상가, 공장 등 특정용도로 지정되어 있는 건축물 부속토지로 볼 수 있으며, 분리과세 토지는 전, 답, 과수원 등 농경지 및 임야나 골프장 등의 사치성 재산, 이를 제외한 토지를 말한다.

종합부동산세

부동산 보유(기준일 매년 6월 1일 재산세와 동일)에 따른 지방자치단체가 부과하는 지방세 외에도 국가가 부동산 보유에 대한 조세부담의 형평성을 제고하고 부동산의 가격안정을 도모하기 위하여 지방세와 별도로 종합부동산세를 부과하고 있다.

종합부동산세 부과 대상은 인별을 기준하여 주택의 경우 공시가격이 9억 원(1세대 1주택자 12억 원)을 초과하는 자, 종합합산 토지는 공시가격이 5억 원을 초과하는 자, 별도합산 토지는 공시가격이 80억 원을 초과하는 자이다.

종합부동산세의 과세표준은 과세유형별 전국합산[공시가격 ×(1-감면율) - 공제금액] × 공정시장가액비율로 공정시장가액비율은 60~100% 범위에서 정한다. 공정시장가액비율은 2020년도 90%, 2021년도 95% 적용하였으며 2022년도 100% 예정이었으나 정부가 변경되어 부동산 조세저항 등을 이유로 2022년부터 60%로 인하되어 적용되고 있다.

종합부동산세는 과세표준에 종합부동산세율을 적용하여 재산세액을 차감하며, 세액 공제, 세 부담 상한 초과세액 등을 적용하여 산정한다. 산정된 종합부동산세액의 20%를 농어촌특별세로 같이 부과한다.

주택분 종합부동산세율(누진세율로 누진공제액 별도 계산)

과세표준	2주택 이하	3주택 이상
3억 이하	0.5%	0.5%
6억 이하	0.7%	0.7%
12억 이하	1.0%	1.0%
25억 이하	1.3%	2.0%
50억 이하	1.5%	3.0%
94억 이하	2.0%	4.0%
94억 초과	2.7%	5.0%

종합합산/별도합산 종합부동산세율

종합합산 세율			별도합산 세율		
과세표준	세율	누진공제	과세표준	세율	누진공제
15억 이하	1%	-	200억 이하	0.5%	-
45억 이하	2%	1천 5백만	400억 이하	0.6%	2천만
45억 초과	3%	6천만	400억 초과	0.7%	6천만

이러한 종합부동산세는 중도층에게 과도한 세 부담과 이중과세의 성격을 갖는다는 측면에서 수정 또는 폐지 논의가 되고 있다.

상속 및 증여세

상속세란 사람의 사망으로 인하여 그의 배우자 및 자녀 등이 사망자의 재산을 무상으로 취득하는 경우 배우자 및 자녀 등이 취득하는 재산가액에 대하여 상속인에게 과세하는 세금을 말하며, 증여세란 타인으로부터 재산을 무상으로 증여받는 경우 증여를 받은 자가 신고 및 납부하여야 하는 세금이다. 증여세는 민법상 증여뿐만 아니라 거래의 명칭, 형식, 목적 등에 불구하고 경제적 실질이 무상 이전인 경우에도 과세대상에 해당되는 완전포괄주의 과세제도이다.

상속 및 증여세 산정 과정

구분		내역
상속세	상속세 과세가액	상속재산가액 - 공과금 - 장례비용 - 채무 + 상속개시일 전 10년 이내 피상속인이 상속인에게 증여한 재산가액 (상속인이 아닌 자에게 증여한 경우 5년 이내)
	상속세 과세표준	상속세 과세가액 - 상속공제 - 감정평가 수수료
	상속세 산출세액	상속세 과세표준 × 증여세율
증여세	증여세 과세가액	증여재산가액 - 채무부담액 + 10년 내 재차 증여재산가산액
	증여세 과세표준	증여세 과세가액 - 증여재산공제 - 감정평가 수수료
	증여세 산출세액	증여세 과세표준 × 증여세율

상속 및 증여 재산가액 산정 원칙은 시가(時價)를 기준하나 시가를 산정하기 어려운 경우에는 기준시가 등 보충적 방법에 의하여 평가한다. 통상 시가 산정이 어려우므로 2인 이상의 감정기관(기준시가 10억 이하는 1곳)에서 감정평가액을 기준하거나, 보충적 방법인 기준시가를 적용하여 재산가액을 산정한다. 감정평가액은 시가에 준하므로 기준시가보다 높게 결정되어 상속 및 증여 당시의 세 부담은 증가되나 추후 처분 시 양도소득세 산정에는 기준시가를 기준한 경우보다 취득가액이 높아져 양도차익이 줄어들어 양도소득세 절감의 효과가 있다.

상속세 및 증여세 세율(동일)

현행			개정안		
과세표준	세율	누진공제액	과세표준	세율	누진공제액
1억 이하	10%		2억 이하	10%	
1억 초과 5억 이하	20%	1천만	5억 이하	20%	2천만
5억 초과 10억 이하	30%	6천만	10억 이하	30%	7천만
10억 초과 30억 이하	40%	1억 6천만	10억 초과	40%	1억 7천만
30억 초과	50%	4억 6천만			

양도소득세

양도소득세란 개인이 토지·건물 등의 부동산이나 분양권과 같은 부동산에 관한 권리 또는 주식을 양도함으로 인하여 발생하는 이익(양도가액−취득가액)에 대하여 신고·납부하여야 하는 세금이다. 양도소득세는 계속, 반복적으로 발생하는 소득이 아니므로 종합소득과는 별도로 신고 및 납부를 하며, 1세대 1주택의 경우 매매금액이 12억 원 이하의 양도차익에 대해서는 비과세(12억 초과분 과세, 보유 및 거주요건 충족)하는 등 국가의 조세 정책 목적에 의하여 예외적으로 세금을 부과하지 않는 경우가 있다.

양도소득세 산정방법 과정

구분	비고
양도차익	양도가액 - 취득가액 - 필요경비
양도소득과세표준	양도차익 - 장기보유특별공제 - 양도소득기본공제
산출세액	양도소득과세표준 × 세율

양도소득세 관련하여 취득가액을 알 수 없는 경우 취득가액 적용방법에 관하여 감정평가와 관련이 있다. 매매계약서의 분실 등의 사유로 취득당시 실지거래가액이 확인되지 않는 경우 매매사례가액, 감정가액, 환산가액을 순차적으로 적용한 금액을 취득가액으로 한다.

취득가액에 따라 세금의 크기가 달라지므로 그에 대한 적정성을 담보하는 것이 관건이며 매매사례가액은 유사 매매사례의 가액을 조사하여 적용하는 것이 현실적으로 어려우므로 감정평가를 통해 적용한다. 하지만 감정평가는 취득일 전후 3개월 이내 시행되어야 하며 그 이후에 소급하여 적용하는 것은 어려울 것으로 보인다. 매매사례가액이나 감정가액이 없는 경우에는 환산취득가액을 적용하며 환산취득가액에 의한 취득가액의 산정방법은 취득당시 개별공시지가 및 국세청 기준시가 등을 적용하여 양도 당시 실지거래가액 × (취득당시 기준시가/양도당시 기준시가)로 기준시가의 상승률만큼 차감하여 산정한다.

필요경비란 양도한 자산을 취득하기 위한 취득금액 및 양도자산의 보유 중 개량 등을 위하여 지출한 금액과 중개수수료 등의 양도비용을 말한다. 양도가액은 실제 거래된 금액으로 명확하나 필요경비는 그 인정 여부에 따라 과세금액이 달라지므로 분쟁의 소지가 있는 것으로 보인다. 필요경비에는 부동산을 취득하는 경우 「지방세법」에 의한 취득세 등을 신고, 납부하여야 하므로 취득세를 포함하여 인지세, 중개수수료, 법무사 비용, 국민주택채권 등 할인료, 부가가치세, 소유권 확보를 위한 소송비용·명도비용을 포함한다.

경비는 자본적 지출과 수익적 지출로 구분할 수 있다. 자본적 지출이란 부동산을 취득한 후 용도변경, 개량, 이용편의를 위한 지출로 인하여 해당 부동산의 가치가 증가한 지출을 말하며, 이는 필요경비로 인정된다. 수익적 지출이란 부동산의 정상적인 유지를 위한 수선 또는 경미한 개량으로 자산의 가치를 상승시킨다기보다는 본래의 기능을 유지하기 위한 비용으로 필요경비에 해당하지 않는다. 자본적 지출의 예는 부동산 취득 후 용도변경, 개량, 이용편의를 위하여 지출한 비용, 샷시 설치비용, 난방시설 교체비용, 엘리베이터 또는 냉난방장치 설치비용, 토지 이용편의를 위한 장애물 철거비용, 도로신설비용 등이 있으며 수익적 지출은 벽지·장판 교체비용, 싱크대, 주방기구 교체비용, 보일러 수리비용, 옥상 방수공사비, 화장실이나 마루공사비 등이 해당되나 구분이 애매한 경우도 많이 있다.

장기보유특별공제란 소득세법에 따라 보유기간이 3년 이상인 토지나 건물에 대하여 양도소득금액을 산정할 때 일정액을 공제하는 제도로, 보유기간이 길수록 높은 공제율을 적용하며, 보유기간의 계산은 당해 자산의 취득일부터 양도일까지이다. 하지만 미등기 부동산이나 조정대상지역의 다주택자는 적용되지 않는다.

양도소득 기본공제는 양도소득과세표준을 계산할 때, 부동산, 부동산에 관한 권리, 기타자산, 주식 또는 출자지분의 소득별로 연 1회에 한하여 250만 원을 공제하는 것을 말한다. 단 미등기 양도자산의 경우에는 기본공제를 받을 수 없다.

양도소득세 세율은 양도 자산의 보유기간, 자산의 종류 등에 따라 상이하며, 하나의 자산이 자산 종류 및 보유기간에 따른 세율 중 둘 이상에 해당할 때에는 해당 세율을 적용하여 계산한 양도소득 산출세액 중 큰 것을 세액으로 결정하는 비교과세를 한다.

2023년 이후 양도소득세 기본세율

과세표준	세율	누진공제액
1,400만 원 이하	6%	
5,000만 원 이하	15%	126만 원
8,800만 원 이하	24%	576만 원
1억 5천만 원 이하	35%	1,544만 원
3억 원 이하	38%	1,994만 원
5억 원 이하	40%	2,594만 원
10억 원 이하	42%	3,594만 원
10억 원 초과	45%	6,594만 원

부동산 세금 관련하여 절세를 위한 방안으로 부부나 자녀에게 증여 목적의 감정평가가 시행되고 있다. 취득세 및 재산세의 과세는 물건별로 부과되나 종합부동산세, 양도소득세 등은 인별 과세로 공동명의(증여)가 단독명의에 비해 절세 효과가 있으므로 간략히 예시한다.

적용 예 1)

아파트이며, 1세대, 1주택, 취득 당시 금액은 12억, 현재 거래가능금액은 20억, 공동주택 공시가격은 현실화율 70%를 적용하여 14억으로 가정한다.

종합부동산세 비교

구분		아파트 공시가격	공제금액	과세표준
단독명의		1,400,000,000원	1,200,000,000원	120,000,000원
공동명의	소유자 A	700,000,000원	900,000,000원	-
	소유자 B	700,000,000원	900,000,000원	-

종합부동산세 중 주택은 9억을 초과하는 경우 부과하나 1세대 1주택의 경우에는 12억 원을 초과하는 경우에 부과한다. 단독명의의 경우 2023년 종합부동산세 공정시장가액 비율 60%를 적용하여 과세표준(1,400,000,000원 − 1,200,000,000원) × 0.6 = 120,000,000원이 산정되었다. 하지만 공동명의의 경우 소유자 A, B의 아파트 공시가격은 각각 700,000,000원으로 종합부동산세 대상이 되지 않는다.

양도소득세 비교

구분		매도가격	취득가격	양도차익	양도세율
단독명의		2,000,000,000원	1,200,000,000원	800,000,000원	42%
공동명의	소유자 A	2,000,000,000원	1,200,000,000원	400,000,000원	40%
	소유자 B			400,000,000원	40%

양도소득세는 양도차익에 부과하는 세금으로 1세대, 1주택 비과세 요건 등은 별도로 고려치 않고 단순히 양도차익만 계산하면 단독명의의 경우 800,000,000원이나 공동명의의 경우 각 400,000,000원이 되어 양도세율이 다소 낮아진다.

종합부동산세 및 양도소득세는 과세표준을 기준하여 누진세율이 적용되므로 부동산 가격이 높거나 양도차익이 클수록 공동명의의 경우가 절세 효과가 크다.

적용 예 2)

아파트이며, 적용 예 1)과 동일하게 1세대, 1주택이나 취득 당시 금액은 12억, 현재 거래가능금액은 20억, 공동주택 공시가격은 현실화율 70%를 적용하여 14억, 공정시장가액 비율 60%로 가정한다. 단독명의에서 1/2(10억)을 증여할 경우와 비교해 본다.

단독명의 A 경우

구분	종합부동산세			양도소득세		
	공시가격	공제금액	과세표준	취득가격	매도가격	양도차익
A	14억	12억	1억 2천만 원	12억	20억	8억

증여를 통하여 A(증여자), B(수증자)로 공동명의 된 경우

구분	종합부동산세			양도소득세		
	공시가격	공제금액	과세표준	취득가격	매도가격	양도차익
A	7억	9억	-	6억	10억	4억
B	7억	9억	-	10억	10억	-

단독명의 A 경우 종합부동산세 과세표준은 1억 2천만 원, 양도차익 8억이 예상된다. 소유자 A가 아파트의 시가(감정평가액) 1/2에 해당하는 10억만큼 B에게 증여할 경우 증여세, 등기이전비 등 증여에 따른 비용은 발생하지만 종합부동산세는 부과되지 않으며 양도차익의 경우 A는 4억, 수증자 B는 증여받은 금액 10억이 취득금액이 되므로 양도차익이 발생하지 않는다.

다만, 수증자 B의 양도차익의 경우 증여받은 일로부터 5년 이내에 매각하는 경우 취득가격은 증여받은 금액 10억이 아닌 원소유자 A의 취득가격 6억 원이 되니 유의하여야 한다.

개인별 납세의무와 누진세율의 성격을 가지는 종합부동산세 및 양도소득세, 상속세 등에서는 단독명의에 비해 공동명의가 절세의 효과가 있는 것으로 보인다. 개인적으로 증여에 따른 유·불리를 판단할 능력이 없으며 증여 목적으로 평가 의뢰되면 감정평가 할 뿐이다. 개인의 상황에 맞게 세무사 등의 전문가와 협의하여 의사 결정하여야 할 것이다.

오피스텔은 주거 또는 업무용에 따라 세금의 차이가 있으며 단일 건물 내 오피스텔과 다세대주택이 같이 있는 경우 오피스텔 가격이 다세대주택의 가격에 비해 낮은 이유에 대해 기술한다.

오피스텔의 용도는 건축법상 업무시설에 해당하나 실질 과세원칙에 따라 사용 용도별로 주거용과 업무용으로 구분 가능하다. 당초 분양 당시 취득세 감면 여부 및 전입신고 등으로 주거용 및 업무용으로 판단된다. 다만 「건축법」에 의한 업무시설에 해당하므로 주거용으로 사용된다 하더라도 건물분에 대하여 부가가치세가 발생한다.

오피스텔 구분(주거용 오피스텔 및 업무용 오피스텔의 세금비교)

구분		주거용 오피스텔	업무용오피스텔
취득	취득세 등	취득금액 4.6%(일부 요건 감면가능)	취득금액 4.6%
	부가가치세	건물가액 10%	건물가액 10%
보유	재산세	0.1~0.4%	토지 : 0.2~0.4% 건물 : 0.25%
	종합부동산세	합산(장기임대주택 제외)	합산제외
	부가가치세	없음	임대료 10% 부과
양도	양도소득세	주택과 동일	상가와 동일

주거용 오피스텔의 경우 주택으로 취급되어 취득세를 감면받을 수 있으며 임대금액에 대한 부가가치세가 없으나, 기존 주택의 수에 합산되므로 양도소득세 산정 시 1가구 1주택 비과세 혜택 기준 등에 유의하여야 한다. 업무용 오피스텔의 경우 건물에 대한 부가세를 환급받을 수 있으며 임대금액에 대해 부가가치세가 발생한다.

한 건물 내에 오피스텔은 주거용 또는 업무용의 용도와 무관하게 가격은 유사하다. 다만 동일 건물 내 오피스텔과 다세대주택을 혼합하여 건축하는 경우 전용면적이 동일하더라도 오피스텔 가격이 다세대주택에 비해 낮다. 이는 최근 신축하는 다세대주택의 경우 발코니 부분을 확장하여 사용되고 있는 것에 비해 오피스텔은 규정상 발코니 부분이 없어 공부상 면적이 동일함에도 불구하고 다세대주택의 사용 면적이 오피스텔에 비해 크기 때문이다. 다만, 최근에는 오피스텔도 발코니 설치가 가능하도록 완화되고 있으므로 이런 격차는 줄어들 것으로 보인다.

한 건물 내 오피스텔 및 다세대주택 평면도

오피스텔 평면도	다세대주택 평면도

상기 평면도는 실제 동일 건물 내 오피스텔과 다세대주택 평면도이다. 오피스텔은 전유면적이 40.37㎡이며, 다세대주택의 전유면적은 32.01㎡이다. 하지만 다세대주택은 발코니 부분을 확장하여 공부상 면적은 적으나 실제 사용면적은 오피스텔과 유사하다. 따라서 공부상 전유면적이 다세대주택이 적으나 실제 사용면적이 오피스텔과 유사하므로 분양가격은 유사하다. 오피스텔과 다세대주택의 분양가격이 유사하므로 전유면적이 적은 다세대주택의 분양단가가 높다.

IV. 담보평가

담보 목적의 감정평가는 금융기관에 담보를 제공하는 물건의 금액을 산정한다. 수요자인 대출 신청자는 담보대출 과정에서 결정할 수 있는 부분은 거의 없으며, 담보로 제공되는 물건의 가격에 비해 담출 가능금액이 낮다고 생각하는 경향이 있다. 담보 목적의 감정평가와 그와 관련된 주택 및 상가의 임대차계약에 대하여 기술해 본다.

개요

　담보평가는 금융기관에서 담보대출을 목적으로 담보를 제공하는 물건의 감정평가이다. 주로 감정평가법인에서 수행하고 있으며, 담보 감정평가액의 가격수준은 보수적으로 결정하며 종물과 부합물 등의 공부 외의 물건은 평가하지 않는 특성이 있다. 채무자가 대출을 상환하지 못할 경우 담보물을 경매 진행하여 그 낙찰금액으로 대출금을 상환한다. 평가 대상은 주로 부동산이며, 사업자를 지원하기 위해 동산이나 기계기구, 원재료 등도 담보물건이 되기도 한다.

담보취득제한 물건

   은행 등의 제1금융권의 경우 각 금융기관에서 담보 취득이 제한되는 공통적인 부동산이 있다. 공부상 소재지·지번, 면적 등이 현황과 달라 동일성을 인정하기 어려운 물건, 토지·건물의 복합부동산 중 하나만 담보 제공하는 경우, 벽체 등으로 확연히 구분하기 어려운 오픈상가의 경우, 보전산지의 임야, 환가성이 없는 맹지 등으로 대부분 환가성이 떨어지거나 경매 진행으로 대출금을 회수하기 어려운 경우이다.

   임야에 대해 좀 더 설명해 보면, 임야는 지형, 지세, 주위경관 등의 물리적 사항보다 중요한 것은 다른 용도로 개발 가능한지를 결정하는 행정요인이라 생각된다. 임야는 관리지역의 준보전산지와 농림지역의 보전산지로 구분되며, 보전산지는 임업용산지와 공익용산지로 나뉘며, 이는 해당필지의 토지이용계획확인원을 발급받아 확인 가능하다. 임야를 개발하기 위해서 준보전산지 임야는 산림형질변경허가를, 보전산지 임야는 산지전용허가를 받아야 한다. 준보전산지의 산림형질변경허가는 일반인도 가능하나 보전산지의 산지전용허가는 일반인이 받기 어렵다고 생각하면 될 듯하다. 따라서 준보전산지 임야는 투

자가치나 환가성이 있어 담보물로 특별한 제한이 없으나 보전산지 임야는 환가
성이 낮아 담보물로 취득제한이 된다. 또한 기획부동산은 대부분 보전산지 임
야에서 이루어지는 등 임야에 투자할 경우 사전에 이를 확인하여야 할 것이다.
간혹 토지이용계획확인원에 농림지역, 준보전산지 또는 계획관리지역, 보전산
지로 용도지역과 산지 구분이 상이한 경우가 있으므로, 이때에는 해당 부처에
직접 확인하여야 한다.

규제지역에 따른 대출 및 유의사항

국토교통부는 조정대상지역, 투기과열지구, 투기지역으로 규제지역을 구분하고 있다.

조정대상지역이란 주택가격 상승률이 물가 상승률의 2배 이상이거나 청약경쟁률이 5 대 1 이상인 지역 등을 말하며 분양권 전매제한, 1순위 청약자격 강화 등의 규제를 받고 있다. 투기과열지구는 해당 지역의 주택가격 상승률이 물가 상승률보다 현저히 높은 지역으로서 과도한 주택청약 경쟁 등 주택에 대한 투기가 성행하고 있거나 성행할 우려가 있는 지역을, 투기지역은 집값 또는 토지가격이 급등하는 지역을 말한다.

규제지역에 따라 LTV(Loan To Value ratio)나 DTI(Debt To Income ratio) 적용 규정이 있다. 부동산 정책의 일환으로 대출관련 제도를 활용하며, 이러한 지역 및 대출기준은 부동산시장 상황에 따라 변경될 수 있다.

LTV(Loan To Value ratio), 담보인정비율로 담보가치를 기준하여 최대 담보인정 가능 비율을 의미하며 DTI(Debt To Income ratio), 총부채상환비율로 부채상환 능력을 소득과 비교하여 대출한도를 정한다는 의미로 (해당 주택담보대출 연간 원리금상환액+기타 부채의 연간 이자상환액)/연소득의 개념이다. DSR(Debt Service ratio), 총부채원리금상환비율로 모든 부채에 대한 원리금상환과 소득을 비교하여 대출한도를 정한다는 의미로 모든 부채에 대한 원리금상환액/연소득으로 DTI에 비해 신용카드나 자동차 할부금, 마이너스 통장 등을 포함한 기타 부채의 연간 원리금상환액을 추가하므로 대출가능금액이 가장 낮은 기준이 된다.

담보평가에서 가장 유의할 사항은 담보물건의 적정한 감정평가액과 임대차 확인이다. 담보물건의 감정평가액에 대한 책임은 당연하나 금융기관과의 계약 체결 시 임대차계약에 대한 확인 및 이에 대한 책임도 포함한다. 채무자가 대출금을 상환하지 못할 경우 담보물건을 경매 진행하며 이에 대출금액이 정상적으로 회수되지 못할 경우 담보 감정평가의 과정 및 가격, 임대 확인 등의 하자의 정도에 따라 담보평가를 수행한 감정평가법인 및 감정평가사가 책임을 지고 있다. 담보평가액이 평가목적 중 가장 보수적으로 결정될 수밖에 없는 이유이다. 종전에는 임대차 내역에 관해서도 문제가 발생하였으나 최근에는 전입세대 열람 및 현장조사 시 이해관계인의 면담을 통하여 1차적으로 확인되며, 금융기관에서도 자체적으로 임대차 조사를 시행하여 임대차 관련하여서는 거의 문제가 발생하지 않는 것으로 보인다.

대출금 산정 과정

담보대출금의 산정은 담보물건의 담보가치를 기초로 담보인정비율을 적용하고 일정 공제부분을 차감하여 산정한다.

담보가치 산정은 '은행업감독업무시행세칙, 별표 18 주택관련 담보대출에 대한 리스크관리 세부기준'에서 원칙적으로 공신력 있는 평가기관의 평가 자료를 사용하되, 다음의 4가지 중 하나를 선택하여 적용하도록 되어 있다.

1. 국세청의 기준시가 이내
2. 감정평가업자의 감정평가액 이내
3. 한국부동산원의 층별 · 호별 격차율 지수로 산정한 가격 이내
4. KB 부동산시세의 '일반거래가' 이내

상기 적용방법 중 감정평가업자의 감정평가액이 가장 적정하고 담보가치에 대한 책임 소재가 명확한 것으로 보이지만 담보물 가격에 비해 대출금액이 소액 등일 경우 다른 방법을 기준하기도 한다.

금융기관에서는 담보금액 산정을 위해 감정평가업자에게 담보물에 대해 사전 탁상감정을 시행하며, 탁상금액을 기초로 대출 가능 여부 및 대출 가능 금액 등을 산정하여 대출신청자와 상담한 후 정식 감정을 시행한다. 금융기관에서 감정평가업자의 선정은 전산화에 의한 자동 배정 방식을 취하는 추세이며, 대출신청자가 직접 담보 목적의 감정평가서를 받아 금융기관에 제출하여도 이를 인정하지 않고 각 금융기관의 규정에 의해 선정된 감정평가업자를 통해 진행한다. 대출을 취급하는 금융기관에서는 대출신청자가 직접 감정평가서를 발급받는 경우 감정평가액의 적정성에 의문을 갖고 있는 것으로 보인다.

담보인정비율은 금융기관에서 담보가치를 기준한 대출 가능한도의 비율로 지역별 담보물건의 낙찰가율, 규제지역 여부, 채무자의 신용도 등에 따라 달리 적용된다.

대출금액은 담보인정금액에서 공제금액을 차감하여 산정하며 공제금액은 선순위 근저당금, 임대차 보증금, 주택이나 상가의 경우 최우선변제금 등이 있다. 최우선변제금은 담보신탁이나 모기지신용보험(MCI), 모기지신용보증(MCG)을 활용하여 공제하지 않는 상품도 있다.

대출금리는 채무자의 신용도, 해당 은행과의 거래실적, 담보물건의 낙찰가율, 담보인정비율 등에 의해 결정될 것으로 보인다.

**은행 2024년 5월 5일 기준 대출실행 예시

구분	감정평가액(천 원)	담보인정비율(%)	담보인정금액(천 원)	공제금액(천 원)	대출금액(천 원)	대출금리(%)	비고
공장A	2,000,000	70	1,400,000	-	1,400,000	4.2	
상가B	300,000	70	210,000	22,000	188,000	4.0	서울, 자가 사용
상가C	300,000	70	210,000	60,000	150,000	4.0	임대보증금
아파트D	1,000,000	40	400,000	55,000	345,000	3.2	서울, 자가 사용
아파트E	1,000,000	40	400,000	300,000	100,000	3.2	임대보증금
단독주택F	400,000	60	240,000	55,000	185,000	3.8	서울, 자가 사용

단독주택G	400,000	60	240,000	155,000	85,000	3.8	서울, 자가 및 임대
토지H	200,0000	70	140,000	-	140,000		
합계					2,593,000		

　**은행의 대출액 산정 예시는 임의로 유추하여 제시하였다. 실제 용어 및 적용에 차이가 있으나, 대출금 산정 과정을 이해하는 데 도움이 될 것이다.

　공장A, 토지H는 차감해야 할 선순위 근저당금액이 없으며 주택 및 상가임대차보호 대상이 아니므로 별도로 공제할 금액이 없으므로 담보인정금액이 대출금액이 될 것이다.

　상가B는 자가 사용이나 상가임대차보호법상 최우선변제금액 22,000,000원(서울시 기준)을 차감하여 대출금액을 산정한다.

　상가C는 임대차계약이 되어 있으므로 임대보증금 60,000,000원을 차감하여 대출금액을 산정한다.

　아파트D는 투기과열지구에 속한 것으로 보아 40%를 적용한 예이며 자가 사용이나 주택임대차보호법 최우선변제금 55,000,000원(서울시 기준)을 차감하여 대출금액을 산정한다.

　아파트E도 아파트D와 동일하나 임대차계약이 되어 있으므로 임대보증금 300,000,000원을 차감하여 산정한다.

　단독주택F는 전체 자가 사용으로 최우선변제금 55,000,000원(서울시 기준)을 차감하여 대출금액을 산정한다.

　단독주택G는 2층 건물로 1층은 자가 사용, 2층은 100,000,000원 전세계약이 체결되어 1층 소유자 거주 부분 최우선변제금 55,000,000원과 임대보증금 100,000,000원을 차감하여 대출금액을 산정한다.

　**은행은 담보대출금액 2,593,000,000원을 담보로 다른 금융기관에서 대출받을 수 있으며 이 금액으로 다시 대출을 할 수 있을 것이다. **은행 담보대

출 가능금액은 **은행이 보유하고 있는 금액에 비해 상당히 늘어날 수 있으며, 이것이 부동산 유동화 중 주택저당증권(MBS)의 기초적 개념이다. **은행은 개인보다 신용도 및 대출상환능력 등이 높으므로 개인에게 대출하여 받는 이자율보다 낮은 금리로 돈을 차입하므로 양의 레버리지 효과가 발생한다. 하지만 주택시장이 하락하여 부실채권이 발생할 경우 2007년 발생한 서브프라임 모기지 사태처럼 큰 경제 위기가 올 수 있다.

주택임대차보호법

주택의 임대차에 관하여 민법에 대한 특례를 규정함으로써 임차인을 보호하고 국민의 주거생활의 안정을 보장함을 목적으로 제정되었으며 주택임대차보호법의 적용 대상은 공부상 용도와 무관하게 실제 용도를 기준으로 판단하며, 무허가, 미등기 건축물이라도 해당된다.

임차인이 점유와 전입신고를 하면 다음 날 0시에 대항력이 발생한다. 대항력이란 임차인이 낙찰자 등의 제3자에게 임대보증금을 모두 받을 수 있을 때까지 임대차 관계를 주장할 수 있는 권리이다. 또한 통상 전입신고와 확정일자를 같이 받으므로 후순위채권자보다 우선해서 배당을 받을 수 있는 우선변제권도 발생한다. 따라서 임대차계약을 체결할 경우 등기부등본 등 관련 서류를 확인하고 점유 및 전입신고, 확정일자를 받아야 할 것이다.

전입신고와 관련하여 유의사항은 도로명주소로 전입 신고하여야 하며 아파트, 다세대주택 등의 집합건물의 경우 동·호수가 등기부등본 등의 공부상 기재내역과 동일하여야 한다. 단독주택 또는 다가구주택 등의 집합건물이 아닌 경우에는 건물번호 주소지에 전입하여도 대항력이 발생한다. 집합건물의 경우 간혹 공부상 지층이나 현황 1층으로 기재하여 공부와 현황 층 호수가 다른 경우나 1호와 2호의 배치가 도면과 현황이 달라 공부상 호수와 현황 호수가 상이한 경우, 공부상 101동인데 현황 1동으로만 기재된 경우 등 공부상 소재지와 다르게 현황 동·호수와 전입하여 대항력이 없는 경우가 발생하니 꼭 공부상 주소를 기준해서 전입하여야 된다는 점에 유의하여야 한다.

임대차계약 전에 등기부등본을 열람하여 근저당설정 등이 없는 경우라면 가장 안전할 것이나 실제는 대부분 근저당권이 설정되어 있다. 근저당권 최고액과 대상 부동산가격을 검토하여 임대차계약 체결 여부를 결정해야 한다. 임대차계약 체결 후에는 전입신고와 확정일자를 받아야 한다. 권리관계 중 임대차계약이 최우선이면 대항력과 우선변제권이 발생하며, 임대차계약이 근저당권 이후이면 대항력은 없고 배당순위에 따라 우선변제권만 있다.

임대기간이 만료되어도 임차인이 임대보증금을 받지 못하는 등 임차인에게 피해가 발생하는 경우가 있으며, 이에 대한 대안으로 전세보증보험이 있다. 전세보증보험은 임대차계약 후 전입, 점유 및 확정일자 등 대항력이 있더라도 퇴거 시 임대보증금을 받지 못하거나 근저당설정 후 순위에 있어 보호받지 못할 경우를 대비한 보험으로, 취급하는 곳은 주택금융공사 및 주택도시보증공사, 서울보증보험이 있으며 임대기간이 2년이면 10개월 안에, 1년 계약이면 5개월 안에 가입할 수 있으며 보험료 산정은 전체 기간에 대해 발생한다. 전세기간이 만료되어 30일이 경과되어도 임대인이 전세금을 돌려주지 못할 때 보험청구를 할 수 있다. 자세한 사항은 해당 공사에 문의하여 확인 바란다.

상가임대차보호법

상가임대차보호법 역시 민법에 대한 특례 규정으로 상가건물의 임대차에 적용하며 대항력은 임차인이 건물의 인도와 사업자등록 신청을 하면 다음 날부터 효력이 발생한다.

상가임대차보호법과 주택임내차보호법의 가장 큰 차이짐은 주택임대차보호법은 보증금의 상한선이 없으나 상가임대차보호법의 적용 대상은 보증금의 상한금액이 존재한다. 상가의 임대차계약은 통상 보증금과 월세로 구성되며 월세를 보증금으로 전환하여 합산한 금액을 "환산보증금"이라 하며 보증금에다 월세의 100배를 합산한 금액으로 산정된다(환산보증금 = 보증금 + 월차임 × 100). 이러한 환산보증금은 상가임대차보호법의 적용 대상이 되는 보증금 기준이 된다.

최근 지역별 환산보증금은 서울 900,000,000원, 「수도권정비계획법」에 따른 과밀억제권역(서울특별시 제외) 및 부산광역시 690,000,000원, 광역시(부산제외), 세종, 파주, 화성, 안산, 용인, 김포 및 광주시 540,000,000원, 그 밖의 지역 370,000,000원이다.

지역별 환산보증금을 초과하지 않으면 대항력, 계약 갱신 요구권 10년, 우선변제권, 임차권등기명령, 묵시적 갱신, 임대료 5% 한도 인상이 적용되나 지역별 환산보증금을 초과하면 대항력, 계약 갱신 요구권 10년만 적용되며, 우선변제권, 임차권등기명령, 묵시적 갱신, 임대인 증액한도는 적용에서 제외된다. 환산보증금을 초과하고, 대항력이 없는 경우에는 전세권을 설정하여야 순위에 따라 배당받을 수 있다.

상가 권리금에 대해서는 서울보증(SGI)의 상가권리금보증보험 상품이 있으며, 공실 상가에 신규로 임대차계약을 하는 경우, 임대차계약 당시 지급한 권리금이 없는 경우, 1년 미만인 경우, 전대차 계약, 대규모 점포, 국·공유 재산의 임대차는 해당되지 않는다. 세부적 사항은 서울보증에 문의하여 확인 바란다.

최우선변제권

1순위로 대항력과 확정일자를 갖춘 임차인은 일반적으로 보증금을 보장받을 수 있다. 그러나 대부분은 근저당설정 후에 임대차계약을 체결하므로 대항력이 없기 때문에 임차보증금을 전액 보장받지 못하는 경우가 발생하며, 이럴 경우 소액의 임차인들에게 최소한의 금액을 먼저 배당해 주는 최우선변제권 제도가 있다. 최우선변제금를 받기 위해서는 법에서 정하는 소액보증금 범위 안의 임차인이 대상이며 이에 해당하는 소액 임차인은 배당 순위에 상관없이 최우선변제금을 제일 먼저 배당받을 수 있으나 주택이나 상가건물 가격의 1/2을 넘지 못한다.

최우선변제권의 성립요건은 보증금이 소액보증금 이하여야 하며 소액보증금의 기준일은 근저당이 설정된 날을 기준으로 한다. 또한 부동산 경매 개시 결정 등기 전에 확정일자, 전입신고, 주택점유의 요건을 갖추어야 하며, 경매 진행 시 배당요구 종기일까지 배당요구를 해야 한다.

주택임대차보호법 적용 소액보증금 및 최우선변제금(2023.2.21 ~ 현시점)

지역	소액보증금	최우선변제금
서울특별시	165,000,000원 이하	55,000,000원 이하
수도권(서울 외)/과밀억제권 세종, 용인, 화성, 김포	145,000,000원 이하	48,000,000원 이하
광역시(과밀억제권역, 군지역 제외), 안산, 광주, 파주, 이천, 평택	85,000,000원 이하	28,000,000원 이하
그 외의 지역	75,000,000원 이하	25,000,000원 이하

상가임대차보호법 적용 환산보증금 및 최우선변제금(2014.01.01 ~ 현시점)

지역	환산보증금	최우선변제금
서울특별시	65,000,000원 이하	22,000,000원 이하
과밀억제권역(서울 외)	55,000,000원 이하	19,000,000원 이하
광역시 및 안산, 용인, 김포, 광주시	38,000,000원 이하	13,00,000원 이하
그 밖의 지역	30,000,000원 이하	10,000,000원 이하

전세권

전세권이란 전세권자가 전세금을 지급하고 타인의 부동산을 점유하여 그 부동산의 용도에 따라 사용·수익하는 용익물권으로 등기를 필요로 한다. 주택이나 상가임대차보호의 대상이 되지 않는 부동산의 경우 임대차계약의 채권을 물권화하는 권리이며, 전세금 반환을 위해 목적부동산을 직접 경매를 신청할 수 있다.

전세권과 대항력 및 우선변제권 차이점

구분	전세권 설정	대항력 및 우선변제권
배당	건물부분 낙찰대금만 배당 (집합건물 토지, 건물)	건물과 토지 낙찰대금에서 배당
말소기준보다 선순위 경우	배당 부족분에 대해 낙찰자에게 청구 못 함	배당 부족분에 대해 낙찰자에게 청구 가능
강제집행	임의경매 가능	강제경매(소송) 가능
경매진행 시	이사 가도 유효함	이사 등의 경우 임차권등기명령 필요

임차등기명령은 임대차계약 기간이 종료되고 보증금을 돌려받지 못한 상황에서 이사 등을 해야 할 경우, 대항력과 우선변제권을 유지시키기 위해 법원에 임차권등기를 신청하는 것을 말한다.

무상거주확인서

무상거주확인서는 부동산을 대가 없이 무상으로 사용한다는 의미의 확인서로 임대보증금 차감 없이 대출을 많이 받기 위해 소유자가 임대보증금이 있는 경우에도 임차인에게 무상거주확인서에 동의해 줄 것을 강요하는 경우가 있다. 실제 무상거주 하고 있다면 당연히 협조해야겠지만 그렇지 않은 경우 경매 등의 진행 시에 보호대상이 되지 않을 수 있음에 유의해야 한다.

임대차계약에 대한 간략한 예시

주택 및 상가임대차보호법 적용이 되는 경우 최우선변제금 및 환산보증금 기준 금액은 근저당 설정일을 기준으로 확인하여야 한다. 예시 사례는 단지 이해를 돕기 위해 근저당 설정일을 최근 시점으로, 주택 및 상가는 서울특별시에 소재하는 것을 기준하였다. 이해의 편의를 위해 근저당설정만 기준하였으므로, 경매가 진행될 경우 단순히 낙찰금액에 대한 배당순위를 비교한 것이다.

또한 계약, 전입, 점유, 확정일자, 사업자등록, 전세권 설정 등은 같은 날 이루어진 것으로 본다.

주택 및 상가임대차보호법 적용 대상이 아닌 경우

구분	임대차 목적물	임대차계약			근저당권설정 (1억)	비고
		계약일	보증금(원)	월임대료(원)		
A	공장	2020.05.07	50,000,000	2,000,000	2019.05.15	전세권 설정
B	공장	2020.05.07	50,000,000	2,000,000	2020.06.05	전세권 미설정

공장은 주택 및 상가임대차보호법 적용이 아니므로 A는 근저당설정 이후에 전세권을 설정하였으므로 근저당권 이후 배당을 받는다. B는 전세권 설정을 하지 않았으므로 임대차계약의 채권 형태이므로 임대차계약 이후에 설정된 근저당권에 비해서도 배당이 늦으므로 유의해야 한다. 따라서 주택 및 상가임대차보호법 적용 대상이 아닌 부동산의 경우 전세권 설정이나 보증금에 해당하는 금액만큼 근저당권을 설정하여 보증금에 대한 안전장치를 마련할 필요가 있다.

주택의 예

구분	임대차 목적물	임대차계약			근저당권설정 (1억)	비고
		계약일	보증금(원)	월임대료(원)		
C	주택(서울)	2024.05.07	100,000,000		없음	전입, 점유
D	주택(서울)	2024.05.07	100,000,000		없음	전입, 점유, 확정일자
E	주택(서울)	2024.05.07	100,000,000		없음	전세권 설정만
F	주택(서울)	2024.05.07	100,000,000		없음	전입, 점유, 확정일자, 전세권 설정
G	주택(서울)	2024.05.07	100,000,000		2023.05.15	전입, 점유
H	주택(서울)	2024.05.07	100,000,000		2023.05.15	전입, 점유, 확정일자
I	주택(서울)	2024.05.07	100,000,000		2023.05.15	전세권 설정만
J	주택(서울)	2024.05.07	100,000,000		2023.05.15	전입, 점유, 확정일자, 전세권 설정

주택임대차보호법은 주거용 부동산에 해당되며 전입 및 점유 등 일정 요건을 갖추어야 한다. 전입 등이 없이 전세권 설정만 한 E, I는 주택임대차보호법 대상이 아닌 점에 유의해야 할 것이다.

선순위 임차인 C, D, F 중 C는 전입과 점유를 하였으므로 임대보증금을 반환받을 때까지 점유할 수 있는 대항력은 있지만 확정일자가 없으므로 낙찰된 금액에서 우선하여 배당받을 수 있는 우선변제권은 없다. D는 전입, 점유, 확정일자를 모두 받은 상태이므로 대항력과 우선변제권 중 선택하여 행사할 수 있다. E는 전세권만 설정된 상태로 물권에 근거하여 우선변제권만 인정되고, 주택임대차보호법 적용이 아니므로 대항력과 최우선변제권이 없다. F도 D와 같이 대항력과 우선변제권을 가진다.

G, H, J는 일단 후순위 임차인으로 기본적으로 대항력을 갖지 못하므로 배당순서에 따라 보증금을 받아 가야 하며, 서울특별시 주택 소액보증금 165,000,000원 이하이므로 최우선변제금 55,000,000원을 받을 수 있는 공통점이 있다. G는 확정일자를 받지 않았으므로 채권 형태인 임대차계약에 해당되며 최우선변제금 외에는 채권의 순위에 따른다. H는 확정일자가 있어 우선변제권이 있으므로 최우선변제금을 수령하고 근저당 이후 배당순서에 따른다. J는 H와 동일하다. I는 주택임대차보호법 적용이 아니므로 최우선보증금을 변제받을 수 없고 배당순서에 따라 근저당권 이후 배당된다.

상가의 예

구분	임대차 목적물	임대차계약			근저당권설정 (1억)	비고
		계약일	보증금(원)	월임대료(원)		
K	상가 (서울)	2024.05.07	100,000,000	8,500,000	없음	점유, 사업자등록
L	상가 (서울)	2024.05.07	100,000,000	8,500,000	없음	점유, 사업자등록, 전세권 설정
M	상가 (서울)	2024.05.07	100,000,000	8,500,000	2022.05.15	점유, 사업자등록

N	상가 (서울)	2024.05.07	100,000,000	8,500,000	2022.05.15	점유, 사업자등록, 전세권 설정
O	상가 (서울)	2024.05.07	100,000,000	7,500,000	없음	점유, 사업자등록
P	상가 (서울)	2024.05.07	100,000,000	7,500,000	없음	점유, 사업자등록, 확정일자
Q	상가 (서울)	2024.05.07	100,000,000	7,500,000	없음	점유, 사업자등록, 확정일자, 전세권 설정
R	상가 (서울)	2024.05.07	100,000,000	7,500,000	없음	전세권만 설정
S	상가 (서울)	2024.05.07	100,000,000	7,500,000	2022.05.15	점유, 사업자등록
T	상가 (서울)	2024.05.07	100,000,000	7,500,000	2022.05.15	점유, 사업자등록, 확정일자
U	상가 (서울)	2024.05.07	100,000,000	7,500,000	2022.05.15	점유, 사업자등록, 확정일자, 전세권 설정
V	상가 (서울)	2024.05.07	100,000,000	7,500,000	2022.05.15	전세권만 설정

상가임대차보호법은 주택임대차보호법과 달리 지역에 따라 환산보증금을 산정하여 적용 여부를 결정한다. 다만 환산보증금이 지역에 따른 상가임대차보호 금액을 상회하더라도 대항력은 인정하고 우선변제권은 인정되지 않는다.

상가 K, L, M, N은 환산보증금이 950,000,000원(100,000,000 + 8,500,000×100)이므로 서울시 900,000,000원 기준보다 상회하여 상가임대차보호법 적용이 아니지만 대항력의 요건을 갖추면 대항력은 인정된다. 따라시 선순위 임차인 K는 대항력이 있다. 선순위 임차인 L은 대항력도 있고 전세권에 근거하여 우선하여 배당받을 수 있다. 그에 반해 후순위 임차인 M과 N 중 M은 대항력 및 전세권이 없으므로 근저당권 이후 채권의 순위에 따르며, N은 대항력은 없지만 전세권이 설정되어 있어 낙찰금액에서 물권의 순위에 따라 근저당권 이후 배당순서에 따른다.

O~Q, S~U는 환산보증금 850,000,000원으로 서울 환산보증금 기준 적

용 대상으로 대항력과 우선변제권 요건을 갖추면 인정되고 서울시 최우선변제금 기준인 환산보증금 65,000,000원보다 높아 최우선변제금의 대상은 아니다. R, V는 전세권만 설정되어 있어 상가임대차보호법 적용이 아니므로 대항력과 우선변제권이 없다. 선순위 임차인 O~R 중 O는 확정일자가 없으므로 대항력만 있고 우선변제권이 없다. P는 대항력 및 우선변제권 요건을 갖추었으므로 선택하여 행사할 수 있다. Q는 P와 동일하다. R은 전세권에 따라 물권의 순서에 따라 배당된다.

후순위 임차인 S~V는 대항력이 없는 상태로 동일하나, S는 확정일자 또한 없으므로 임대차계약인 채권의 순위에 따라 배당되며, T, U, V는 근저당 이후 배당순서에 따른다.

임대차계약이 최우선인(선순위 임차인) 경우가 현실적으로는 그리 흔치는 않을 것이다. 따라서 임차대상의 부동산 가격과 선순위 근저당 금액 등의 권리관계를 고려하여 임대차계약을 결정하여야 한다. 또한 전세권 설정은 공장이나 환산보증금이 상가임대차보호법 기준 금액을 초과하는 경우에 유용한 것으로 보이며, 주택임대차보호법이나 상가임대차보호법의 우선변제권은 물권으로 배당순서는 전세권과 동일한 효력을 갖는다.

물권과 채권 구분

구분	물권	채권
의의	특정물건을 직접 지배하여 이익을 얻는 배타적 권리	채권자가 채무자에게 특정행위를 청구할 수 있는 권리
권리주장	누구나에게 주장 가능	채권자와 채무자 사이 성립
우선순위	등기접수일 기준에 의해 정해지며 채권보다 항상 우선	채권 상호 간에는 평등함. 다만 채권이 물권화된 임차권은 예외
종류	소유권, 점유권, 용익물건(지상권, 지역권, 전세권), 담보물건(저당권, 유치권, 질권), 관습법상 물건(분묘기지권, 법정지상권)	국채, 지방채 등

주요 등기사항 요약 (참고용)

[집합건물] 경기도 구리시

고유번호 2842-2019-

1. 소유지분현황 (갑구)

등기명의인	(주민)등록번호	최종지분	주　　　소	순위번호
자산신탁주 식회사 (수탁자)	110111-2003236	단독소유	서울특별시	3

2. 소유지분을 제외한 소유권에 관한 사항 (갑구)
　- 기록사항 없음

3. (근)저당권 및 전세권 등 (을구)
　- 기록사항 없음

[참 고 사 항]
　가. 등기기록에서 유효한 지분을 가진 소유자 혹은 공유자 현황을 가나다 순으로 표시합니다.
　나. 최종지분은 등기명의인이 가진 최종지분이며, 2개 이상의 순위번호에 지분을 가진 경우 그 지분을 합산하였습니다.
　다. 지분이 통분되어 공시된 경우는 전체의 지분을 통분하여 공시한 것입니다.
　라. 대상소유자가 명확하지 않은 경우 '확인불가' 로 표시될 수 있습니다. 정확한 권리사항은 등기사항증명서를 확인하시기
　　바랍니다.

이 등기부등본은 담보신탁을 통해 설정된 등기부등본을 예시한 것이다. 주요 등기사항 요약을 보면 설정 내역이 없어 깨끗한 상태로 보인다. 하지만 실제 담보실행이 된 경우이니 임대차계약 체결 시 소유자가 신탁회사이면 반드시 신탁원부를 발급받아 그 내용을 확인하고 신탁사와 직접 계약하거나 동의를 구하는 절차가 필요하다. 신탁 등기된 이후 신탁사의 동의 없는 임대 계약의 경우 어떤 효력도 없으므로 최우선변제금 등의 적용도 받을 수 없으니 유의 바란다.

참고적으로 부동산신탁이란 부동산 소유사가 소유권을 신탁회사에 이전하고 신탁회사는 자금과 전문 지식을 결합해 신탁재산을 효과적으로 개발·관리하고 그 이익을 돌려주는 제도를 말하며, 신탁의 종류에는 담보신탁, 관리신탁, 처분신탁, 개발신탁이 있다.

담보신탁은 신탁 계약을 한 뒤, 수익권증서를 담보로 위탁자가 금융기관에서 융자를 받는 것을 의미하며 개인보다 신탁회사에 더 많은 한도를 보장하기 때문에 일반 담보대출보다 대출금을 더 많이 받을 수 있으며, 상환하지 못할 경

우 공매로 간편하게 진행할 수 있는 장점이 있다. 관리신탁은 부동산 관리를 수탁자에게 맡겨 수탁자 또는 위탁자, 제3자가 관리하는 것을 말하며, 처분신탁은 신탁회사의 명의로 소유권 이전등기를 한 뒤에 해당 부동산의 매매를 진행하는 것을 말하며 소유권, 임대차, 건물관리 등을 일체로 관리하는 것과 등기부등본상 소유권만을 관리하는 것이 있다. 개발신탁은 토지의 소유자가 개발하기 위해 신탁회사에 위임하여 신탁회사에서 입지와 이용계획을 바탕으로 개발하고, 임대나 관리, 처분까지 책임지고 사업수익을 위탁자에게 돌려주는 형태이다.

V. 보상평가

보상 현장에서 소유자를 만나 보면 종전에는 강제적으로 수용되어 억울하니 보상금이 많이 산정되어야 한다고 감정적인 측면에 호소하는 것에 비해, 최근에는 인근 거래사례나 보상금액 등을 제시하는 등 보상평가 산정 과정에 구체적으로 접근하여 많이 변한 느낌을 받는다.

공익사업구역 내 피수용자의 입장에서 가장 중요한 것은 보상금액이나, 보상 관련 감정평가의 내용 자체가 방대하며, 개별적 사안에 따라 판단 사항이 달라 일반화하기 어려운 점 등이 있어 기본적인 사항에 대해 기술하였다.

개요

    손실보상이란 공공필요에 의한 적법한 공권력의 행사에 의하여 개인의 재산권에 가하여진 특별한 희생에 대하여, 전체적인 공평부담의 견지에서 행하여지는 재산적 전보(塡補)를 말한다. 적법한 공권력의 행사로 발생하는 것으로 불법행위로 인한 손해배상과 구별된다.

    공공필요라 함은 공익사업의 종류로「공익사업을 위한 토지 등의 취득 및 보상에 관한 법률」제4조에 엄격하게 규정하고 있다. 사업 성격상 공익 부분과 사익 부분이 복합적으로 형성되어 있는 경우도 있으며 사업의 주체는 공공기관뿐만 아니라 민간업체도 해당된다.

    재산권이란 유형 또는 부형의 재산에 대해서 갖는 소유사의 권리로 공익사업의 편입에 따른 토지소유자 등의 재산의 상실 또는 감소하는 것을 보상한다. 재산권의 대상은 토지 등의 소유권 및 일부 취득됨으로 인하여 잔여지 등의 재산가치가 하락하는 것 등 재산의 상실 또는 감소, 이전 및 보수비 등의 비용, 영업권의 장래기대이익의 상실을 포함한다.

    특별한 희생이란 일반적인 제한과 구분되는 개념으로 재산권의 박탈이나 내재적 제약 또는 사회적 제약의 한계를 넘는 경우를 말하며, 일반적인 제한은

제한 그 자체로 목적이 완성되고 구체적인 사업의 시행이 필요하지 않는 공법
상의 제한으로 대표적인 예는 개발제한구역의 지정으로 개발제한구역 지정에
따른 재산권 손실은 보상의 대상이 아니다.

손실보상의 일반적인 절차

공익사업의 준비, 사업인정 전 협의취득 또는 사용, 사업인정, 사업인정 후 협의취득 또는 사용, 재결, 이의재결, 행정소송의 일반적 절차를 거치고 있다. 협의는 필수적 절차로 사업인정 전·후 선택적으로 한 번만 해도 무방하나 사업인정 전 협의가 성립되지 않을 경우 강제수용하기 위해서는 사업인정을 받아야 하므로 통상 사업인정 후 협의를 진행하는 것으로 보인다. 공익사업계획 등은 사업시행자의 영역으로 감정평가와 관련 있는 사업인정부터 기술한다.

손실보상의 일반적인 절차도

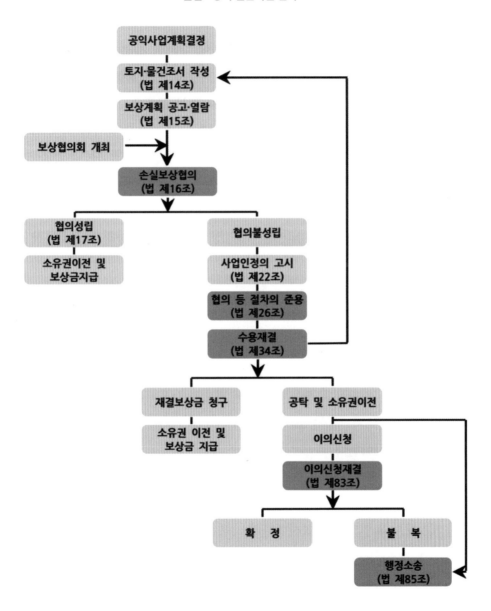

사업인정

사업인정이란 특정 사업이 토지 등을 수용할 수 있는 공익사업에 해당함을 결정하는 것으로 '사업인정 고시'를 통해 효력이 발생한다. 사업인정 고시를 통해 수용할 목적물이 확정되며 고시된 토지에 대하여 사업에 지장을 줄 우려가 있는 형질의 변경이나 물건을 손괴하거나 수거하는 행위를 하지 못한다. 토지에 건축물의 건축·대수선·공작물의 설치 또는 물건의 부가·증치를 하려는 자는 특별자치도지사, 시장·군수 또는 구청장의 허가를 받아야 하며 이 경우 미리 사업시행자의 의견을 들어야 한다. 이를 위반하여 건축물의 건축·대수선·공작물의 설치 또는 물건의 부가·증치를 한 토지소유자 또는 관계인은 해당 건축물·공작물 또는 물건을 원상으로 회복하여야 하며 이에 관한 손실의 보상을 청구할 수 없다. 따라서 사업인정 후에는 토지 등의 보전의무가 발생한다.

토지·물건 조서 작성

토지·물건의 조서 작성이란 사업시행자가 사업구역 내 편입되는 토지 및 그 지상에 소재하는 지장물 목록을 작성하는 것으로 수용되는 평가대상 목록을 확정하는 것이다. 토지·물건 조서의 작성은 사업시행자가 하며 이 조서를 기초로 감정평가를 시행한다.

삼성평가사는 토지·물건 조서를 가지고 현장조사를 실시하며 조서에서 누락되거나 상이할 경우 사업시행자에게 의견을 제시한다. 현장조사를 통해 누락된 지장물이 확인되면 사업시행자가 이를 수용해서 반영되나 토지 이용상황의 경우 토지조서와 차이가 있으며 감정평가사의 의견을 듣고 사업시행자가 다시 확인하여 결정하고 있다.

보상계획 공고 및 열람

사업시행자는 공익사업의 개요, 토지조서 및 물건조서의 내용 등을 공고하고, 토지소유자 및 관계인에게 개별적으로 통지하고 그 내용을 14일 이상 열람할 수 있도록 한다. 토지소유자 및 관계인이 20인 이하인 경우 보상계획 공고는 생략할 수 있다.

보상협의회

공익사업지구의 면적이 10만㎡ 이상, 토지 등의 소유자가 50인 이상인 경우에는 보상계획의 열람기간 만료 후 30일 이내에 보상협의회를 의무적으로 설치하여야 한다. 보상협의회의 위원장은 해당 특별자치도·시·군·구의 부지사·부시장·부군수·부구청장이며, 위원장을 포함하여 8명 이상 16명 이내의 위원으로 구성된다. 위원의 구성원은 사업시행자와 토지소유자 또는 관계인의 1/3 이상 포함된다.

주요 협의 사항은 보상액 평가를 위한 사전 의견 수렴, 잔여지의 범위 및 이주대책 수립, 해당 사업지역 내 공공시설의 이전, 토지소유자 등이 요구하는 사항 중 지방자치단체의 장이 필요하다고 인정하는 사항 등이다.

협의(보상액 산정)

보상액 산정은 사업시행자 1인, 토지소유자 1인, 시·도지사가 1인을 추천하여 감정평가업자 3인의 산술평균금액으로 결정한다. 토지소유자 추천은 개별적으로 선정하는 것이 아니라 보상 대상 토지 면적의 1/2 이상, 소유자 총수의 1/2 이상의 동의를 받아 1인을 선정하고, 시·도지사 감정평가는 토지보상금이 10억 이하로 추정되는 경우 등 일정한 경우 추천을 하지 않을 수 있다. 참고적으로 재결, 이의재결은 토지수용위원회에서 2인의 감정평가업자를 선정하여 산술평균하며, 소송의 경우 법원에 등록된 감정평가사(소송감정인) 1인이 평가하며, 각 절차상 감정평가사(법인 등)가 중복될 수 없다. 앞서 언급한 바와 같이 부동산의 가격은 일정 범위의 성격을 가지고 있지만 감정평가액은 특정 값을 제시함으로 단수 평가의 위험을 방지하고 이해당사자 간의 이해를 조정하는 측면에서 협의는 3곳, 재결·이의재결 2곳, 최종 법원에서 판단하는 경우에는 기존 전문가의 의견을 수렴하였으므로 1곳으로 선정하여 진행하는 것으로 보인다.

최초 협의 감정평가사 3곳으로 선정 주체에서 볼 수 있듯이 사업시행자가 선정한 감정평가사가 금액이 가장 낮고, 주민추천평가사가 가장 높으며, 시·도지사 추천 감정평가사는 이 범위 내에서 결정되고 있다. 각 감정평가사 간에 논의하는 과정이 피수용자 입장에서 다소 불합리하게 보일 수도 있으나, 감정평가액 결정 과정에서 거래사례들의 분석 및 적정성 검토, 필지별 개별요인의 격차, 보상선례 선정, 부동산을 바라보는 관점의 차이가 발생할 수 있으므로 독자적으로 판단할 경우의 오류를 방지하며 서로 보완하여 공정하게 평가할 수 있는 장점이 있다. 또한 규정상 감정평가액 최소, 최고 금액이 110% 차이가 나면 재평가를 하여야 하므로 서로 의견을 조정할 수밖에 없는 현실이다. 만약 일부 필지의 감정평가액이 110% 차이가 발생하면 재평가를 시행하여야 하며, 기존 감정평가는 국토교통부의 타당성 조사를 받는다. 재평가 시행으로 공익사업의 지연 및 그에 따른 사회적 비용 증대가 발생하며, 타당성 조사 결과에 따라 감정평가에 과오가 있는 경우 수행한 감정평가사 및 해당 법인에서 함께 그 책임을 진다.

조속재결

사업인정 고시 후 협의가 불성립할 경우 토지소유자와 관계인은 대통령령으로 정하는 바에 따라 서면으로 사업시행자에게 재결을 신청할 것을 청구할 수 있다. 이는 협의 불성립 시 사업의 지연에 따른 피수용자의 피해를 줄이기 위해 인정되는 제도이다. 조속재결 신청을 받은 사업시행자는 그 청구를 받은 날로부터 60일 이내에 관할 토지수용위원회에 재결을 신청하여야 하며, 기간을 넘겨서 재결을 신청하였을 때에는 그 지연된 기간에 대하여 「소송촉진 등에 관한 특례법」 제3조에 따른 법정이율을 적용하여 산정한 금액을 재결한 보상금에 가산하여 지급하여야 한다.

재결, 이의재결, 행정소송

협의가 불성립하면 행정심판의 재결, 이의재결 절차가 있으며, 최종적으로 행정소송의 단계가 있다. 재결 후에는 토지소유자 등의 동의 없이도 사업시행자는 재결한 보상금을 공탁함으로 소유권을 취득하며, 그 토지나 물건에 관한 다른 권리는 소멸된다. 토지수용위원회의 재결이 있은 후 수용하거나 사용할 토지나 물건이 토지소유자 또는 관계인의 고의나 과실 없이 멸실되거나 훼손된 경우 그로 인한 손실은 사업시행자가 부담하며 담보물권의 목적물이 수용되거나 사용된 경우 그 담보물권은 그 목적물의 수용 또는 사용으로 인하여 채무자가 받을 보상금에 대하여 행사할 수 있다. 다만, 그 보상금이 채무자에게 지급되기 전에 압류하여야 한다.

사업시행자는 재결 후 보상금을 공탁하고 소유권을 취득하므로 재결 이후에 강제집행이 가능하다. 협의와 재결 이후 감정평가 기준은 동일하나, 기준시점에서 차이가 있다. 협의는 협의 당시이며 재결은 재결시점으로 이러한 시점 차이에 따라 자연적으로 협의와 재결 보상액 가격 변동이 발생한다. 재결 이후 이의재결, 행정소송의 기준시점은 재결시점으로 동일하다.

대규모 택지개발 사업의 경우 이주대책 시 협의하는 토지소유자와 협의하지 않고 재결을 진행하는 토지소유자는 배점 등의 차등이 있어 재결을 진행하는 토지소유자는 이주자택지 등을 분양받지 못하므로 경기상황, 개인적 여건 등을 파악하여 협의 여부를 결정하면 될 것이다.

　재결 후 공탁된 보상금은 '이의유보' 의사를 표시하고 수령하여도 이의재결을 신청할 수 있으며 불이익변경금지원칙이 적용되므로 재결 이후에는 이의재결을 신청하지 않을 이유가 없어 보인다. 재결, 이의재결의 감정평가 수수료는 사업시행자가 부담하지만 행정소송은 소송의 진행 시 원고가 부담한다.

　사업시행자가 민간업자인 경우 신속한 사업진행을 위해 산정된 협의금액보다 높게 보상금을 제시하는 경우가 간혹 있다. 산정된 협의금액보다 높게 제시한 금액에도 협의하지 않고 재결을 진행한 경우 재결금액이 당초 제시한 금액보다 낮게 산정되어 사업시행자는 재결금액으로 지급해 재결 신청한 소유자가 이미 협의한 소유자에 비해 손해를 보는 경우도 있다. 이 경우는 불이익금변경금지원칙에 해당되지 않으니 사업시행자가 산정된 협의금액보다 높게 보상금액을 제시한 경우에는 금액의 적정성을 객관적으로 판단할 필요가 있다.

손실보상의 원칙

손실보상의 원칙은 사업시행자 보상 원칙, 사전보상 원칙(천재지변, 시급한 경우 등의 일부 예외가 있음), 현금보상 원칙(채권보상, 대토보상도 있음), 개인별 보상, 일괄보상, 사업시행 이익과 상계금지 원칙, 시가 보상 원칙, 해당 공익사업에 따른 개발이익 배제의 원칙이 있다.

이러한 손실보상 원칙 중 일반 감정평가와 가장 상이한 점은 해당 공익사업으로 인한 개발이익을 배제하는 것이다. 개발이익이란 공공사업의 시행으로 인해 발생하는 지가상승으로 정상적인 지가상승분 이상을 의미하며 이러한 개발이익은 토지소유자의 노력 없이 발생되는 불로소득이므로 해당 공익사업에 의한 개발이익은 배제하고 보상액을 산정한다. 이는 해당 사업시행으로 인한 사업구역 밖의 인근 부동산 가격이 상승하여 지역 간 불균형 문제와 인근지역 가격 상승에 따라 피수용자의 종전 수준과 동일한 수준으로 대토를 하지 못하는 문제점이 있다. 하지만 제도적으로 토지소유자의 불로소득까지 보상금액에 포함할 수 없으며 사업구역 외에 발생하는 개발이익 부분은 환수하는 방안으로 정책적으로 해결해야 할 것이다.

토지 보상액 산정방법

 토지는 공시지가기준법으로 가격시점에서의 일반적인 이용방법에 따른 객관적 상황을 기준으로 평가하며, 토지소유자가 갖는 주관적 가치나 특별한 용도에 사용할 것을 전제로 한 것은 고려하지 않는 객관적 기준 평가, 지적 공부상 지목에도 불구하고 가격시점에서의 실제 이용상황을 기준한 현실적인 이용상황을 기준하여 평가한다. 다만, 일시적 이용상황이나 무허가 건축물 등 부지, 불법형질변경 토지, 미지급용지, 그 밖에 관계법령 등에서 달리 규정하는 경우에는 현실적인 이용상황의 예외가 인정된다.

> **토지감정평가액(원/㎡) = 표준지공시지가(원/㎡) × 시점수정**
> **× 지역요인비교 × 개별요인비교 × 그 밖의 요인 보정**

 공시지가기준법에 대하여는 앞서 설명한 바와 같으나, 개발이익 배제의 원칙에 따라 비교표준지 선정과 시점수정, 그 밖의 요인 보정 산정을 위한 자료 등에서 일반 평가와 차이가 있다. 또한 미지급용지, 도로, 구거 등의 특수토지에 따라 평가 규정이 명문화되어 있어 이를 기준하여 산정한다. 특수토지 중 몇 가지에 대해 언급해 본다.

미지급용지 감정평가

미지급용지란 종전에 시행된 공익사업의 부지로서 보상금이 지급되지 아니한 토지를 말한다. 미지급용지의 평가 원칙은 이용상황은 종전의 공익사업에 편입될 당시의 이용상황을 기준하며 용도지역 등은 기준시점을 기준하여 평가한다. 다만 기준시점에서의 용도지역 등이 종전의 공익사업 또는 새로운 공익사업의 시행을 직접 목적으로 하거나 그 시행의 절차에 의해 변경된 경우에는 종전 용도지역 등을 기준한다. 종전의 공익사업에 편입될 당시의 이용상황을 알 수 없는 경우에는 편입될 당시의 지목과 인근 토지의 이용상황 등을 참작하여 사업시행자가 판단하며 이때 편입 당시의 대상토지의 공부상 지목과 유사한 인근 토지의 기준시점에서의 현실적 이용상황을 참작하여야 한다. 다만 현재의 이용상황이 편입당시의 이용상황보다 유리한 경우에는 현재의 이용상황을 기준한다.

미지급용지는 종전 공익사업의 시행시점에서부터 새로운 공익사업의 기준시점까지 사이에 종전 사업시행자가 이를 사용하였다고 보아야 하므로 부당이득반환 등 손해배상이 가능하며 사용료에 대한 소멸시효는 최대 5년으로 사용료 청구를 병행할 수 있을 것이다.

무허가건축물 부지의 감정평가

무허가건축물 등이란 「건축법」 등 관련 법령에 의하여 허가를 받거나 신고를 하고 건축 또는 용도변경을 하여야 하는 건축물을 허가를 받지 아니하거나 신고를 하지 아니하고 건축 또는 용도 변경한 건축물을 말한다. 하지만 당초부터 허가를 받거나 신고를 하고 건축할 필요가 없어 그러한 허가나 신고 없이 건축한 건축물 등은 포함되지 아니한다. 또한 건축 당시에는 허가받거나 신고하고 건축하여야 하는 건축물을 허가나 신고 없이 건축한 건축물로 무허가건축물 등에 해당되었으나, 기준시점에는 양성화조치에 따라 허가받거나 신고하고 건축한 것과 같이 된 건축물 등도 포함되지 않는다.

무허가건축물 부지의 감정평가는 1989년 1월 24일 기준으로 이전에 건축된 경우 현실적인 이용상황을 기준하되, 지목 변경 등에 대한 비용을 고려하여야 할 것이다. 1989년 1월 24일 이후 건축된 무허가건축물은 건축될 당시의 이용상황을 상정하여 감정평가 한다. 참고적으로 1989년 1월 24일을 기준으로 무허가건물 여부를 판단하며, 이는「공익사업을 위한 토지 등의 취득 및 보상에 관한 법률 시행규칙」부칙 제5조(무허가건축물 등에 관한 경과조치) 일이다.

무허가건축물 여부의 입증책임은 사업시행자에게 있으며, 무허가건축물로 판단되어도 건물 등의 지장물에 대해서는 평가한다.

불법형질변경토지

토지의 형질변경이란 절토, 성토, 정지, 포장 등의 방법으로 토지의 형상을 변경하는 행위 등을 말하며 불법형질변경토지란「국토계획법」등의 관계법령에 따라 허가를 받거나 신고를 하고 형질변경을 하여야 하는 토지를 허가를 받지 아니하거나 신고를 하지 아니하고 형질변경 한 토지를 의미한다. 불법형질변경토지에 대한 평가는 그 토지의 형질변경이 될 당시의 이용상황을 상정하여 평가한다.

불법형질변경토지는 불법행위를 통하여 토지의 가치가 증가된 경우 이를 배제한다는 취지이므로, 불법형질변경으로 인하여 현실적인 이용상황이 더 나빠진 경우에는 기준시점에서의 현실적인 이용상황을 기준으로 감정평가 한다.

불법형질변경토지는 지목이 임야이나 현황 농지로 사용하거나 개발제한구역 내 농지나 목장용지를 불법으로 일반창고나 공장으로 사용하고 있는 경우가 대부분이다.

지목이 임야나 현황 농지로 이용하고 있는 경우에는 「산지관리법」 부칙 제2조 "불법전용산지에 관한 임시특례" 규정에서 정한 절차에 따라 불법전용산지 신고 및 심사를 거쳐 지목이 변경된 경우나 해당 공익사업을 위한 산지전용허가 의제협의를 사유로 임시특례규정 적용이 불가한 경우로서 시장·군수·구청장이 임시특례규정 적용 대상 토지임을 확인하는 경우에는 현실적인 이용상황을 기준으로 농지로 평가한다. 이러한 절차를 거치지 아니한 경우에는 공부상 지목을 기준으로 임야를 기준하여 감정평가 한다. 다만, 불법적으로 농지로 사용되고 있는 임야는 경사도 등 개별적 요인이 일반 임야에 비해 우세하므로 이는 반영된다.

개발제한구역 내 농지나 목장용지에 농업 관련 건물을 허가를 받아 건축하였지만 일반창고나 소규모 공장으로 불법으로 이용 중인 토지가 수용된 사례가 많다. 불법이지만 외관상 대지 위에 적법한 건물과 구분이 되지 않아 임대료나 거래가격이 대지와 비슷하게 형성되었으나 실제 보상액 산정은 불법형질변경에 해당되어 대지 가격에 비해 낮게 산정된다. 이러한 부동산 거래에는 유의하여야 할 것이다.

불법형질변경의 입증책임 또한 사업시행자에게 있다.

도로 및 구거

도로의 평가는 사도법상 사도는 인근토지의 1/5 이내, 사실상 사도의 경우 인근토지의 1/3 이내로 평가한다. 구거 또한 인근토지의 1/3 이내로 평가한다. 인근토지란 해당 도로부지 또는 구거부지가 도로 또는 구거로 이용되지 아니하였을 경우에 예상되는 표준적인 이용상황과 비슷한 토지로서 해당 토지와 위치상 가까운 토지를 말한다.

도로 및 구거를 감가하여 평가하는 이유는 화체이론에 근거한다. 화체이론이란 대상 물건 자체적으로 효용을 가지지 못하나, 다른 물건의 효용에 기여하는 것으로 도로 및 구거는 자체의 효용은 없다고 판단되나 도로 및 구거의 개설에 따라 주변 토지의 효용이 증가하였으므로 도로 및 구거 자체는 감가한다는 이론이다.

사도법상 사도나 사실상 사도가 아닌 경우의 공도 등은 정상 평가한다. 도로의 성격에 따른 구분은 관련 규정에 근거하여 사업시행자가 판단하나, 사업시행자의 판단이 절대적인 기준은 아니다. 도로로 감가되어 평가되는 것이 불합리하다고 생각되면 이의를 제기하여 다툴 수 있을 것이다. 판례 또한 도로의 개설 경위, 목적, 주위 환경, 인접토지의 획지면적, 소유관계, 이용상태 등 제반 사정에 비추어 당해 토지가 자기토지의 편익을 위하여 낮은 가격으로 보상해 주어도 될 만한 객관적인 사유가 인정되는 경우에만 인근토지의 1/3 이내에서 평가할 수 있다고 판결하고 있다.

잔여지의 감정평가

잔여지란 동일한 토지소유자에 속하는 일단의 토지 중 일부만이 공익사업에 편입되고 남은 토지를 말하며 잔여지 매수나 잔여지 가치하락에 대한 감정평가가 있다.

잔여지는 동일한 토지소유자로 사실상 동일한 소유 관계여야 하며 일단의 토지로 반드시 1필지 토지만을 의미하는 것이 아니라 일반적인 이용 방법에 의한 객관적인 상황이 동일한 여러 필지의 토지까지 포함한 일단지의 개념을 포함한다.

잔여지를 매수하거나 수용할 수 있는 요건은 1. 대지로서 면적이 너무 작거나 부정형 등의 사유로 건축물을 건축할 수 없거나 건축물의 건축이 현저히 곤란한 경우 2. 농지로서 농기계의 진입과 회전이 곤란할 정도로 폭이 좁고 길게 남거나 부정형 등의 사유로 영농이 현저히 곤란한 경우 3. 공익사업의 시행으로 교통이 두절되어 사용이나 경작이 불가능하게 된 경우 4. 제1호부터 제3호까지에서 규정한 사항과 유사한 정도로 잔여지를 종래의 목적대로 사용하는 것이 현저히 곤란하다고 인정되는 경우로 잔여지의 위치, 형상, 이용상황 및 용도지역, 공익사업 편입토지의 면적 및 잔여지의 면적을 고려하여 판단한다.

잔여지 매수는 사업시행자와 협의하여야 하며, 잔여지 매수에 관한 협의가 성립되지 아니한 경우에는 관할 토지수용위원회에 수용을 청구할 수 있으며, 그 사업의 공사완료일까지 하여야 한다.

잔여지의 손실은 동일한 토지소유자에 속하는 일단의 토지의 일부가 취득됨으로 인하여 잔여지의 가격이 하락된 경우이며, 잔여지 손실 평가는 공익사업시행지구에 편입되기 전의 잔여지의 가격에서 공익사업시행지구에 편입된 후의 잔여지의 뺀 금액으로 평가한다. 잔여지의 손실은 해당 사업의 공사완료일로부터 1년이 지난 후에는 청구할 수 없다.

잔여지 손실의 경우 사업시행자는 협의 단계에서부터 적극적으로 인정하지는 않는 것으로 보인다. 피수용자는 협의 단계부터 잔여지 손실에 대해 주장하나 재결 단계에서 잔여지 손실 여부를 판단하고 있는 실정이며, 잔여지 손실 감정평가 시에도 공사 시행 전으로 도면 등에 의해 판단하므로 그 한계가 있다.

환매토지

환매권이란 원소유자가 매도하였거나 수용당한 토지에 대하여 다시 매수할 수 있는 권리로 형성권에 해당한다.

환매권의 행사요건은 ① 토지의 협의취득일 또는 수용의 개시일로부터 10년 이내에 해당 사업의 폐지·변경 또는 그 밖의 사유로 취득한 토지의 전부 또는 일부가 필요 없게 된 경우 취득일 당시의 토지소유자 또는 그 포괄승계인(이하 환매권자)은 그 토지의 전부 또는 일부가 필요 없게 된 때부터 1년 또는 그 취득일로부터 10년 이내에 그 토지에 대하여 받은 보상금에 상당하는 금액을 사업시행자에게 지급하고 그 토지를 환매할 수 있다. ② 취득일로부터 5년 이내에 취득한 토지의 전부를 해당 사업에 이용하지 아니하였을 때에는 제1항을 준용한다. 이 경우 환매권은 취득일로부터 6년 이내에 행사하여야 한다. 잔여지의 매수 및 수용청구에 따른 잔여지는 그 잔여지에 접한 일단의 토지가 필요 없게 된 경우가 아니면 환매할 수 없다.

환매금액은 환매당시의 평가가격과 지급한 보상금액에 인근 유사토지의 지가변동률을 반영한 금액을 비교하여 결정한다. 환매당시 평가가격이 인근 유사토지의 지가변동률을 반영한 보상금액보다 적거나 같은 경우 지급한 보상금액으로 하며, 큰 경우에는 지급한 보상금액에 환매당시 평가가격에서 지급한 보상금액에 인근 유사토지의 지가변동률을 반영한 금액을 차감한 금액을 합산하여 산정한다. 즉 환매권자가 토지를 계속 보유하였을 경우 정상적으로 인근 유사토지의 지가변동률만큼 환매권자가 누릴 수 있는 권리로 판단하기 때문이다.

사업시행자가 환매권 관련하여 통지나 공고를 하여야 할 의무가 있는데도 불구하고 이러한 의무를 위배한 채 원소유자 등에게 통지나 공고를 하지 아니하여, 환매권 행사가 불가능하게 된 경우 그 손해를 배상해야 하며 손해배상액은 환매권 상실 당시의 감정평가금액에서 환매가격을 차감하여 산정한다.

지장물 보상액 산정방법

지장물이란 건축물, 담장, 우물, 수목 등 지상에 소재하는 물건을 총칭하는 개념이다. 지장물의 보상 원칙은 이전비를 기준하여 보상한다. 이전비란 대상물건의 유용성을 동일하게 유지하면서 이를 해당 공익사업시행지구 밖의 지역으로 이전 등에 소요되는 비용을 의미한다. 다만 ① 건축물의 이전이 어렵거나 그 이전으로 인하여 건축물 등을 종래의 목적대로 사용할 수 없게 된 경우 ② 건축물 등의 이전비가 그 물건의 가격을 넘는 경우 ③ 사업시행자가 공익사업의 목적으로 취득하는 경우에는 해당 물건의 가격(취득가격)으로 보상한다. 즉 이전이 가능한 지장물의 경우 취득가격 한도 내 이전비로 산정하나 이전이 불가능한 지장물은 취득가격으로 산정한다. 물건의 가격으로 보상한 건축물의 철거비용은 사업시행자가 부담한다. 다만, 건축물의 소유자가 해당 건축물의 구성부분을 사용 또는 처분할 목적으로 철거하는 경우에는 건축물의 소유자가 부담한다.

건축물의 일부 편입 시 편입부분에 대해서는 취득비를 산정하며, 잔여 건축물은 보수비나 가치하락이 발생하는 경우 그 손실을 보상한다. 이때 보상금액은 전체 취득비를 초과할 수 없다. 또한 잔여 건축물에 대하여 보수가 불가능할 경우 공사 완료일까지 매수를 청구할 수 있다.

영업보상액 산정방법

영업보상은 영업폐지에 따른 손실보상과 휴업에 따른 손실보상으로 구분된다.

영업폐지의 요건으로는 공익사업의 시행으로 인하여 더 이상 영업행위를 할 수 없는 경우로 영업장소 및 배후지의 특성상 이전이 불가능한 경우, 법적으로 이전이 불가능한 경우, 혐오 시설로 사실상 이전이 불가능한 경우를 규정하고 있으나 이러한 요건을 충족하기에는 현실적으로 어렵고 대부분 휴업에 따른 손실보상에 해당한다.

영업보상의 요건은 법령상 ① 사업인정고시일 등 전부터 적법한 장소(무허가건축물 등, 불법형질변경토지, 그 밖에 다른 법령에서 물건을 쌓아 놓은 행위가 금지되는 상소가 아닌 곳을 말한다)에서 인적·물직 시설을 갖추고 계속적으로 행하고 있는 영업.(사업인정고시일 등 이후에 제3자가 사업인정고시일 등 전부터 계속적으로 행한 영업을 적법하게 승계한 경우를 포함한다) 다만, 무허가건축물 등에서 임차인이 영업하는 경우에는 그 임차인이 사업인정고시일 등 1년 이전부터 「부가가치세법」 제8조에 따른 사업자등록을 하고 행하고 있는 영업 ② 영업을 행함에 있어서 관계법령의 허가·면허·신고 등(이하 "허가 등"이라 한다)을 필요로 하는 경우에는 사업인정고시일 등 전에 허가 등을 받아 그 내용대로 행하고 있는 영업으로 규정하고 있다.

　영업보상액 평가는 1) 휴업기간(통상 4개월)에 해당하는 영업이익(휴업보상), 2) 영업장소 이전에 따라 발생하는 영업이익 감소액, 3) 휴업기간 중 영업용 자산에 대한 감가상각비, 유지관리비와 정상적으로 근무하여야 하는 최소인원에 대한 인건비 등의 고정적 비용, 4) 영업시설 등의 이전에 소요되는 비용 및 그 이전에 따른 감손상당액, 5) 이전광고비 및 개업비 등 영업장소를 이전함으로 소요되는 부대비용을 합산하여 산정한다.

　1) 영업이익은 매출총액에서 매출원가와 판매비 및 일반관리비를 차감한 것을 의미한다. 영업이익은 최근 3년간(특별한 사정으로 정상적인 영업이 이루어지지 아니한 연도를 제외한다) 평균 영업이익을 기준하며 개인영업으로서 최저보상액(통계청에서 조사·발표하는 도시근로자가구 3인 가구 기준 월평균 가계지출비)에 미달되는 경우에는 최저보상액을 영업이익으로 한다. 휴업기간은 4개월 이내로 적용하나 4개월 이내로 이전하기 어렵다고 객관적으로 인정되는 경우에는 실제 휴업기간으로 하되, 2년을 초과할 수 없다. 통상 휴업기간은 4개월로 적용한다. 2) 영업장소 이전에 따라 발생하는 영업이익 감소액은 앞서 산정된 영업이익의 20% 수준으로 하되, 1천만 원을 초과하지 못한다. 3)~5)는 영업장소 이전에 따른 실비적 개념으로 보면 될 듯하다.

　휴업보상의 대상 여부에 따라 휴업기간 동안의 영업이익에 대한 적용 여부가 결정되며, 개인영업의 경우 휴업기간의 영업이익 최저보상액이 25백만 원 이상이니 휴업보상의 대상 인정 여부는 영업대상자에게 매우 중요하다.

　영업보상 요건 중 시기와 적법성 등에 대한 판단 기준은 명확하나 업종에 대해서는 명확하게 규정되어 있지 않아 현실적으로 많은 분쟁이 있다. 시기와 적법성 등을 모두 충족하더라도 업종에 따라 휴업기간에 대한 영업보상은 다르게 적용될 수 있다. 미용실, 슈퍼마켓, 음식점 등은 당연히 대상이 되나 이삿짐센터, 인터넷 등 통신판매 사업장, 신문배급소, 인력사무소 등은 휴업기간에 대한 영업보상은 적용되지 않는다. 휴업보상이 되는 영업은 매장에서 영업 행위가 이루어져 이전 기간에 따라 실질적으로 영업을 할 수 없는 업종이며, 휴업보상이 되지 않는 업종은 영업 등의 행위가 매장과 무관하게 이루어져 계속해서 영업을 할 수 있는 업종으로 판단하는 것으로 생각된다. 현실적으로 이를 구분하기 애매한 상황이 많다. 휴업보상의 대상 여부에 대해서 감정평가사는 관련 규정과 경험을 토대로 조언을 할 뿐 개별적 판단은 사업시행자가 결정한다.

주거이전비 및 동산이전비

공익사업시행지구에 편입되는 주거용 건축물의 소유자에 대해서는 당해 부동산의 보상액 외에도 가구원수에 따라 2월분 주거이전비를 보상한다. 단 실제 거주하지 않거나 1989년 1월 24일 이후 무허가건축물인 경우는 해당되지 않는다.

공익사업시행지구에 편입되는 주거용 건축물의 세입자에 대해서는, 사업인정고시일 등 당시 또는 공익사업을 위한 관계법령에 의한 고시 등이 있는 당시 사업지구 안에서 3개월 이상 거주한 자에 대해 가구원수에 따라 4개월 주거이전비를 보상한다. 단 무허가건축물의 세입자의 경우 사업지구 안에서 1년 이상 거주해야 한다.

주거이전비는 가구원수별 도시근로자가구 월평균 명목 가계지출비를 기준하여 사업시행자가 산정한다.

동산이전비는 공익사업시행지구에 편입되는 주거용 건축물의 거주자가 해당 공익사업시행지구 밖으로 이전하는 경우 동산의 이전 등에 소요되는 이사비를 산정하여 보상하며, 주거면적에 따라 정해져 있으며 사업시행자가 산정한다.

이주대책 등

공익사업의 시행으로 인하여 주거용 건축물을 제공함에 따라 생활의 근거를 상실하는 자에게는 이주대책을 수립하여야 하나, 가구 수가 10호 미만의 경우 등에는 이주정착금을 지급할 수 있다. 이주정착금은 주거용 건축물에 대한 평가액의 30%이나 최저 12백만 원, 최대 24백만 원이다.

이주대책으로 공급되는 용지는 이주자택지, 협의자택지, 생활대책용지가 있다.
이주자택지는 개발지역 안에 주거하던 소유자에게 택지개발 후 주택이나 점포를 지을 수 있는 토지를 공급하는 것으로 분양가격은 조성원가를 기준하여 기반시설을 공제하여 산성하므로 소성원가의 80% 내외에서 결정된다.
협의자택지는 개발지역 안에 토지 1,000㎡(300평) 이상을 소유한 자에게 택지개발 후 단독주택을 지을 수 있는 토지를 공급하며 분양가격은 감정평가액을 기준으로 한다.
생활대책용지는 개발지역 안에 영농과 축산업 등에 종사하는 등 일정 요건을 갖춘 자에게 근린생활용지나 근린상업용지를 감정평가액 기준으로 공급한다.
이러한 토지의 분양가격은 인근 유사토지의 거래가격에 비해 낮게 형성되므로 분양받는 자체로 어느 정도 프리미엄이 형성되는 것으로 보인다.

■ 보상 관련 단순한 예(3기 신도시에 편입되는 지역 가정)

토지 보상 예

일련 번호	소재지	용도지역	지목	이용상황	편입면적(㎡)	보상단가 (원/㎡)	비고
1	32	개발제한	대	대	660	1,000,00	건부지
				도로	40	330,000	
2	26-1	개발제한	전	건부지	250	970,000	89.1.24 이전 무허가건부지
				전	200	500,000	
3	25	개발제한	전	전	670	700,000	89.1.24 이후 무허가건부지
4	27-3	개발제한	전	전	220	500,000	27-2 대지 부속토지
5	60-1	개발제한	도로	도로	50	330,000	

용도지역은 종전 개발제한구역이었으나 보상평가 당시 당해 사업으로 인해

용도지역이 제2종 일반주거지역으로 종 상향되었다.

개발제한구역을 수용하여 제2종 일반주거지역으로 용도 변경하여 개발하는 것에 대해 토지소유자는 개발제한구역으로 지금껏 재산권 행사를 제대로 하지 못한 것도 억울하니 변경된 제2종 일반주거지역을 기준으로 보상 요청을 하고 있다.

하지만 개발제한구역은 일반적 제한사항이며 당해 사업으로 인한 개발이익 은 배제되어야 하므로 개발제한구역 상태로 평가되어 소유자의 의견은 반영되 지 못한다.

일련번호 1 소유자는 자기 토지는 지목상 "대"인데 일부 도로로 감액되어 평 가된 것에 대해 이의신청을 하고 있다.

공부상 지목을 불구하고 현황을 기준으로 평가한다. 공부상 지목과 이용상 황이 다른 경우를 이(異)지목이라 하며 통상 측량을 통해 면적을 확정한다. 이 용상황이 건부지 토지인 경우 도로상태가 맹지가 될 수 없다. 또한 지적면적을 기준하여 전체 "대"로 산정한다 하더라도 이럴 경우 도로여건이 불리하게 작용 되므로 도로가 있다고 산정한 1,000,000원/㎡보다 낮게 산정될 것이 명백하 다. 전체 토지가격은 큰 변화가 없을 것으로 판단된다.

일련번호 3 소유자는 일련번호 2와 동일하게 지목 "전"이고 무허가건물이 소 재하는데 일련번호 2는 "대" 가격으로 평가된 것에 비해 일련번호 3은 "전" 가 격으로 평가되어 이의를 제기하고 있다.

현황 평가가 원칙이지만 무허가건부지의 경우 1989년 1월 24일 이전은 합 법적인 건물로 인정된다. 따라서 일련번호 2는 현황을 기준하나 일련번호 3은 그 이후 건축된 무허가건물이므로 무허가건부지에 해당하여 종전 이용상황을 기준으로 산정된다. 다만 일련번호 2 토지도 대지로 인정받는 면적은 무허가 건물 등의 사용·수익에 필요한 범위 내 250㎡에서 인정되었다고 예시하였다.

일련번호 4 소유자는 27-3 토지는 인근 토지 27-2인 대의 부속 토지(마당) 로 이용 중으로 인근토지인 27-2 대와 유사한 수준으로 보상을 요청하나, 대지로 이용하는 것은 불법이용상황으로 받아들이기 어렵다.

일련번호 5 소유자는 도로로 감가하여 보상하는 것이 부당하다고 주장하나 사실상 사도로 판단되므로 받아들이기 어렵다.

휴업보상 예

일련번호	형태	업종	영업이익(월/원)			비고
			3년 평균 영업이익	최저보상액	영업이익결정	
1	개인	미용실	5,000,000	4,500,000	5,000,000	
2	개인	슈퍼	2,000,000	4,500,000	4,500,000	
3	개인	슈퍼	5,000,000	4,500,000	5,000,000	89.1.24 이전 무허가건축물
4	개인	슈퍼	5,000,000	-	2,500,000	89.1.24 이후 무허가건축물
5	개인	통신판매	3,000,000	-		
6	법인	도·소매	30,000,000	-	30,000,000	
7	법인	도·소매	2,500,000	-	2,500,000	

영업보상 중 휴업보상을 예시한 것으로, 개인영업의 최저보상액은 평가시점에 따라 차이가 있으나 2024년 1분기 기준 4,500,000원/월 수준으로 예시하였다.

휴업기간은 통상 4개월 적용되니 영업이익의 4배가 휴업기간에 따른 영업보상액이 된다.

영업 이전에 따른 영업감소액은 영업보상액의 20%를 적용하며, 한도는 10,000,000원이다.

무허가건축물에서 영업은 1989년 1월 24일 이전이면 적법한 건물로 보아 정상적으로 영업보상액을 산정하나 1989년 1월 24일 이후의 무허가건축물에서 영업하는 경우 영업시설 이전에 따른 비용 및 그에 따른 감손상당액을 제외한 영업손실 금액은 최대 10,000,000원이다.

일련번호 1. 3년 평균 영업이익을 기준으로 산정된다.

일련번호 2. 개인영업으로 최저보상액에 미달하므로 최저보상액을 기준으로 산정된다.

일련번호 3. 무허가건축물이나 1989년 1월 24일 이전이므로 3년 평균 영업이익을 기준으로 산정된다.

일련번호 4. 무허가건축물로 1989년 1월 24일 이후이므로 영업시설 이전에 따른 비용 및 그에 따른 감손상당액은 제외하고 최대 10,000,000원이므로 계산의 편의상 2,500,000원(10,000,000원/4개월)으로 기재하였다.

일련번호 5. 통신판매는 휴업보상의 대상이 아니라고 의뢰되었다. 재결, 소송 등을 통해 다툴 수 있으나 휴업보상을 인정받을 수 있을지는 미지수이다.

법인과 개인의 휴업보상 산정은 동일하다. 다만 개인영업의 최저보상액은 적용되지 않는다. 적용되지 않는 이유를 생각해 보면, 개인사업자는 소득세법, 법인은 법인세법이 적용되어 법인은 대표자의 급여가 영업경비에 포함되나 개인영업의 경우에는 포함되지 않는 차이점에 기인한 것으로 보인다. 즉 일련번호 2. 개인영업의 영업이익 2,000,000원은 대표자의 급여가 책정되지 않은 금액으로 사업자가 갖는 수입은 2,000,000원이다. 이에 반해 일련번호 7. 법인 영업이익 2,500,000원은 대표자의 본인 급여가 영업경비에 포함되어 있으므로 개인영업과 차이가 있다.

일련번호 6. 법인은 휴업에 따른 영업보상 외에 영업장소 이전에 따른 영업이익 감소액은 최대 10,000,000원이므로 10,000,000원이 적용된다. 그 외는 동일하다.

이 외 휴업기간 중 고정적 비용, 영업시설 이전에 따른 비용 및 그에 따른 감손상당액, 이전광고비 등의 부대비용은 실비적 성격이 있으므로 업체의 규모 등에 따라 별도로 산정되어 합산된다.

Episode 5. 주민추천으로 감정평가를 수행하다

감정평가사 주민추천제도는 사업시행자 측이 수용보상액을 일방적으로 산정하는 것을 미연에 방지하여 피수용자들의 권리 보호를 위해 마련된 제도이다. 주민추천 감정평가사는 보상계획 공고 시 보상계획의 열람기간 만료일부터 30일 이내에, 토지면적의 1/2, 소유자 1/2 이상의 동의를 거쳐 1곳을 선정하므로 주로 주민대책회의에서 선정된다. 주민추천으로 선정된 감정평가사는 최대한 주민의 입장을 반영하기 위해 노력하며, 감정평가 수수료는 사업시행자가 부담하므로 선정하는 것이 절대적으로 유리하다.

최근 재개발구역 주민추천 감정평가사로 선정되어 수행하는 과정에서 주민들이 공통적으로 갖는 의문점과 그에 대한 생각을 정리해 본다.

주민추천 감정평가사의 역할

보상액은 감정평가사가 산정한 금액을 산술 평균하여 결정한다. 주민추천 감정평가사의 보상금액이 가장 높을 수밖에 없으므로 선정하는 것이 유리하다.

주민들 입장에서 보상금액을 가장 높게 산정해 줄 감정평가사를 선정하고 싶지만, 감정평가 시행 전에 선정하며, 감정평가의 과정을 주민들이 알 수 없으므로 한계가 있다. 주민추천을 받기 위해 감정평가사는 사전에 사업구역 내 가격 수준이나 인근 보상선례 등을 통해 예상 금액을 추론하기는 하나 이를 구체적으로 제시하지는 않는다. 혹 주민추천을 받기 위해 구체적인 금액을 제시하는 경우 그 금액에 만족하면 그 감정평가사를 선정하면 된다. 단, 실제 보상금이 못 미칠 경우 감정평가사가 책임진다는 각서 등을 요구하라. 아마 구체적인 금액을 제시하고 보증하는 감정평가사는 없을 것이며, 법적으로도 문제가 된다. 보상금액에 대해 확신할 수 없다면 주민의 궁금증을 잘 해결해 주고 의사소통도 원활히 되는 점도 중요한 요인이라 생각된다.

주민추천 감정평가사의 역할은 적정한 부동산 가격의 범위 내에서 가장 높은 결과를 도출할 수 있도록 노력하고, 주민의 궁금증을 해소할 수 있도록 소통이 잘되어야 할 것이다. 구체적으로 현장조사 시 토지·물건 조서에 빠진 부분이 없는지 꼼꼼히 체크하여 누락된 지장물은 사업시행자에게 통보하여 이를 반영하여야 하며, 보상 과정에서 주민들이 갖는 불안한 마음과 궁금증을 해소할 수 있도록 편안히 소통하여야 한다. 감정평가사는 손실보상의 분야에 대해서는 전문성을 갖고 있으니 사전에 충분히 활용하면 될 듯하다.

현장조사 협조 여부

토지·물건 조서는 감정평가 대상의 확정을 위한 자료로 사업시행자가 조사·작성한다. 보상 업무를 주로 수행하는 공공기관에서는 그동안의 경험과 전문적인 조사업체를 통해 토지·물건 조서가 작성되어 감정평가를 할 때에 큰 무리가 없이 진행된다. 하지만 재개발사업 등의 단발성 민간사업의 경우 비전문업체가 수행하여 토지·물건 조서가 간혹 불합리하게 작성되어 지장물이 누락되거나 조서를 수정하는 등의 불필요한 절차가 추가되어 사업이 지연되기도 한다. 특히 영업권 조서의 경우 감정평가를 위한 조서와 차이가 많이 발생한다. 최근 감정평가법인의 규모가 커지다 보니 토지·물건 및 영업권의 조사·조서 작성의 업무도 충분히 수행 가능하다. 사업시행자는 토지·물건 조서나 영업권 조서의 작성을 외부에 의뢰하는 경우 기존 업체와 감정평가법인과 비교하여 결정하는 것이 효율적일 수 있다.

감정평가를 위해 현장조사를 할 때에는, 사업시행자가 소유자에게 현장조사 기간을 통지하고 개별적으로 시간 약속을 정하여 소유자의 입회하에 토지·물건 조서와 현물을 확인한다. 토지는 고정된 특성으로 위치, 형상, 면적 등 소유자 입회 없이도 확인 가능하다. 하지만 지장물의 경우 개별성이 강하므로 감정평가사가 직접 현장조사를 시행하여 조서와 해당하는 지장물의 관리상태 등을 확인하고 조서에서 누락된 부분이 있는지 등을 조사한다. 현장조사를 하다 보면 지장물이 없거나 지장물의 가치가 희박하여 소유자의 입회가 불필요하다고 판단되는 경우 외에도 의도적으로 현장조사를 거부하는 분들도 있다. 현장조사를 거부하는 분의 의견은 사업 자체를 반대하므로 현장조사에 협조하면 사업을 반대하는 당위성이 떨어진다거나, 현장조사를 거부하면 감정평가 자체를 할 수 없다는 생각 등에 따라 거부하는 것으로 보인다. 현장조사를 거부하는 분도 협의 이후 재결 등의 절차에서는 대부분 현장조사에 협조하고 있다. 이는 협의 보상금을 통보받고 나면 더 이상 사업에 대해 다툴 수 없는 것으로 체념하는 것으로 보인다. 사업을 반대하여 현장조사를 거부하는 소유자의 마음은 충분히 이해되나, 사업을 반대하는 것과 감정평가 현장조사를 거부하는 것은 전혀 무관한 사항이니 이성적으로 대처할 필요가 있다.

지장물의 주 대상인 건물은 현장조사에서 확인될 사항 외에도 구조, 용도, 사용승인일 등의 공부에 의해 가격형성에 영향을 미치는 주요 요인이 있다. 건물의 내부 확인을 하지 못하고 외부 관리 상태와 공부 등을 통해서도 어느 정도 감정평가는 가능하다 할 것이다.

건물의 내부 확인이 없는 감정평가는 하자가 있는 것으로 보아 다시 감정평가를 시행하여야 할까, 아니면 현장조사를 협조할 때까지 기다려 확인하고 감정평가를 진행해야 할까. 물론 추후 협조가 되면 현장을 확인하고 진행할 것이나 계속적으로 비협조한다면 그에 따른 사업의 지연으로 발생하는 사회적 비용과 사업이 신속히 진행되길 바라는 소유자의 요청은 어떻게 할 것인가. 현업에서는 현장조사를 최대한 실시하되, 끝까지 협조하지 않는 경우에는 그 사유를 기재하고 관련 공부, 외관확인, 사진 등을 최대한 활용하여 감정평가를 시행하고 있다. 일부 물건을 확인하지 않고 감정평가를 진행하였다고 하여 사업진행에 큰 영향을 주는 경우는 보지 못했다. 비협조로 인해 보상금액이 낮거나 지장물이 일부 누락되었다면, 협의 이후 재결이나 이의재결에서 확인하고 보완하면 될 것이다. 소유자가 끝까지 비협조로 일관하면 사업시행자는 소송을 통해 사업을 진행하지만 사업기간이 늦춰져 사업비용이 증가되는 등 승자 없는 상황이 된다.

내 물건이 남들과 달리 엄청 좋다거나, 남들보다 영업이익이 훨씬 높다고 주장하면서 이에 대한 자료나 근거를 제시하지 않거나 협조하지 않으면 감정평가사는 이를 확인할 방법이 없다. 확인되지 않은 부분을 감정평가사가 이해관계인의 얘기만 믿고 가격을 높게 결정할 수 있을까. 이해관계인의 비협조로 인해 보상액이 낮을 경우 재결 등의 절차를 통해 조정 가능하나, 높을 경우 과대보상으로 감정평가사에게 직접 책임이 발생하므로 보수적으로 가격이 결정될 것이다. 현장조사에 협조하여 혹 토지·건물 조서상 누락된 부분이 없는지 꼼꼼히 점검 받고, 궁금한 사항에 대해 문의하는 등 현장조사에 협조하는 것이 유리할 것이다.

변호사나 행정사 선임 여부

손실보상 관련 변호사나 행정사(이하 '대리인') 선임 여부에 대해 문의하면, 보상금의 규모나 영업장의 성격 등에 따라 개별적으로 결정할 사안이라고 조언한다.

보상금액이나 영업장 규모가 크거나, 특수한 형태의 영업의 경우 대리인을 초기부터 선정하여 진행하는 것이 도움이 될 수 있을 것으로 보인다. 영업보상의 대상 여부, 4개월 이상 휴업기간 적용, 토지의 이용상황 판단 등 대리인의 능력에 따라 결정되는 중요 사안들이 있기 때문이다.

대리인 선정은 통상 감정평가 이전부터 계약을 체결하고 진행하고 있으며 계약 내용은 다소 차이가 있으나 기본수임료에 협의 금액을 기준하여 증액되는 금액의 몇 % 형태로 성공보수료를 지급하는 것으로 보인다. 성공보수료와 관련하여 증액되는 금액의 기준은 협의 금액이 아닌 재결 금액을 기준으로 계약하는 것이 토지소유자에게 합리적으로 보인다. 협의를 기준할 경우 대리인은 당초 협의 금액을 높게 받으려고 노력할 필요가 없어 보이며, 협의와 재결은 기준시점에 차이가 있어 대리인의 노력이 없어도 자연적으로 가격 상승요인이 있기 때문이다. 특히 주택재개발 등의 경우 소유자가 처음 통보받는 금액은 개인별 종전자산 평가금액이며, 종전자산 금액은 추후 현금청산을 위한 보상 평가금액과 상당한 차이가 있다.(주택재개발 감정평가 참조) 따라서 증액되는 금액 기준을 종전자산 평가금액으로 하는 실수를 범하지 않길 바란다.

VI. 주택재개발. 주택 재건축 관련 감정평가

도시정비사업은 「도시 및 주거 환경 정비법」에 근거하며 최근에는 「노후계획도시 정비 및 지원에 관한 특별법」이 시행되어 1기 신도시 아파트를 위주로 재건축에 대한 관심이 더욱 높아졌다.

도시정비사업은 주거환경개선사업, 재개발사업, 재건축사업이 있으며, 감정평가 기준으로는 공익성이 인정되는 주거환경개선사업, 재개발사업과 민간사업으로 분류되는 재건축사업으로 분류할 수 있다. 도시정비사업의 진행과정상 발생하는 감정평가에 대해서 일반적인 주택재개발사업과 주택재건축사업으로 구분하여 기술하였다.

개요

　도시정비사업이란 도시의 정비 구역 안에서 정비기반시설을 정비하고 주택과 같은 건축물을 개량하거나 건설하는 주거환경개선사업, 재개발사업, 재건축사업을 통칭하며 「도시 및 주거환경정비법」에서 일반적인 사항을 규정하고 있다.

　정비사업의 목적에 따라 주거환경개선사업은 도시 저소득 주민이 집단 거주하는 지역으로서 정비기반시설이 극히 열악하고 노후 · 불량 건축물이 과도하게 밀집한 지역의 주거환경을 개선하거나 단독주택 및 다세대주택이 밀집한 지역에서 정비기반시설과 공동이용시설 확충을 통하여 주거환경을 보전 · 정비 · 개량하기 위한 사업, 재개발사업은 정비기반시설이 열악하고 노후 · 불량 건축물이 밀집한 지역에서 주거환경을 개선하거나 상업지역 · 공업지역 등에서 도시기능의 회복 및 상권 활성화 등을 위하여 도시환경을 개선하기 위한 사업, 재건축사업은 정비기반시설은 양호하나 노후 · 불량 건축물에 해당하는 공동주택이 밀집한 지역에서 주거환경을 개선하기 위한 사업을 말한다.

　주거환경개선사업, 재개발사업은 정비기반시설 등이 열악하여 이를 개선하는 공익적 목적도 있으므로 공공성이 인정되어 수용권 등이 있으며, 재건축사업은 순수 주거환경 개선을 위한 민간사업으로 보아 수용권 없이 매수청구권이 있다. 이 사업 중 대표적인 주택재개발사업 및 주택재건축사업을 중심으로 기술한다.

②

주택재개발/주택재건축 사업 구조의 이해

주택재개발/주택재건축 사업의 기본적인 구조 예

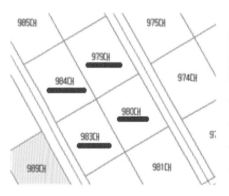

사업구역			
지번	소유자	현재 가격(원)	개발계획
979	A	100,000,000	빌라 10세대 개발 후 가치 20억 건축비용 9억
980	B	100,000,000	
983	C	100,000,000	
984	D	100,000,000	

상기 도면 중 979(소유자 A), 980(소유자 B), 983(소유자 C), 984(소유자 D) 4개 필지는 면적 등 가격형성요인이 동일하고 현 시세 모두 1억이라고 가정하자. 이 4필지상에 빌라 10세대, 연면적 600㎡를 건축하는 사업을 진행하려고 한다. 현시점에서 불확실성은 있으나 빌라 준공 후 예상 분양금액 및 건축비용을 대략적으로 추정 가능하다. 세대당 2억 정도로 개발 후 자산은 20

억(2억×10세대) 수준이며 건축비는 인근 건축비나 유사 건물 도급계약을 기준하여 적용 가능하므로 600㎡ × 1,500,000원 = 9억 수준으로 예상한다. 모두 분양한다고 하면 비용을 제외한 이익이 11억(20억 - 9억) 원이며 4명이 동일하게 투자하였으므로 275백만 원씩(11억/4명) 가져가는 구조이다.

이를 재개발/재건축사업으로 적용해 보면, 종전자산 평가금액이 각각 1억 원이나 9천만 원 또는 110백만 원으로 동일하게 평가된다면 순이익 11억을 균등하게 나누므로 각 지분에 따라 각각 275백만 원씩 받게 되는 동일한 결과가 된다. 하지만 종전자산 금액이 불균형적으로 산정된다면 배분되는 금액 역시 불균형적일 것이다. 따라서 종전자산 평가는 절대적인 금액보다는 다른 소유자와의 균형성이 중요시된다.

좀 더 나아가 비례율 개념을 적용해 본다. 비례율이란 "(총 분양수익 - 총 사업비)/종전자산 합산액"으로 사업시행인가 단계에서 사업성을 검토하는 비율이며 종전자산 가액에 비례율을 곱하면 권리가격이 된다. 종전자산을 각 1억으로 평가할 경우 비례율은 (20억 - 9억)/4억×100=275%이다. 이때의 권리가액은 1억×2.75=275백만 원이 된다. 종전자산을 각 8천만 원으로 평가할 경우 비례율은 (20억-9억)/3.2억×100=343.75%, 권리가액은 8천×3.4375=275백만 원, 종전자산을 1.1억으로 할 경우 비례율은 (20억-9억)/4.4억×100=250%, 권리금액은 1.1억×2.5=275백만 원이다. 이와 같이 종전자산 금액이 달라도 권리가액은 모두 동일한 결과로 나타나 각 소유자에게 균형성 있게 배분된다. 상기 예에서 보듯 종전자산 금액은 종전자산 금액의 높고 낮음보다 권리자 간 균형성이 절대적인 핵심이다.

단순한 예시지만, 현실적으로는 굉장히 복잡하다. 가격이 동일한 부동산이 존재하기 어려우며 동일하더라도 소유자 A는 사업진행 초기부터 반대하며 사업에 동참하지 않는다고 하면 종전 평가액은 균형성만이 문제가 되지 않는다. 사업에 동의하지 않은 경우 소유자 A는 현금청산자로 분류되어 추후 청산목적의 감정평가를 통해 청산 금액이 결정되겠지만 종전평가액이 현 시세인 1억보다 낮은 9천만 원인 경우 소유자 A는 낮다고 이의를 제기할 것이다. 소유자 A가 조합에서 처음으로 통보받는 금액이 종전평가 금액이며, 이 금액이 시세보다 낮으므로 이의를 제기하는 소유자 A 입장은 충분히 이해된다. 반대로 종전평가액을 시세보다 높은 1.1억으로 평가하면 당초 미동의자 A 말고도 동의자 B, C, D도 현 시세보다 높으므로 사업을 진행하는 것보다 현 시점에서 청산하는 방향으로 마음을 변경할 가능성이 높다. 청산하고자 하는 소유자가 늘어나면 어떻게 사업이 진행될 것인가. 사업 추진 자체가 어려울 수 있다. 이렇듯 사업 진행을 위해 소유자의 이해관계를 조정하는 것은 매우 어렵다. 부동산의 개별적 특성을 적정하게 반영하여 감정평가 하더라도, 소유자는 주관적으로 가치를 상대적으로 높게 인식하는 경향이 있으며 조합원으로 동참하지 않는 소유자(현금청산자)로부터 많은 민원이 발생한다. 종전자산 평가금액은 소유자의 출자지분을 위한 감정평가이므로 절대적인 금액보다 상대적인 금액이 중요하다고 설명해도 이해하지 않는 소유자의 마음은 충분히 이해된다.

앞선 예에서 미동의자 A에 대한 적용 법규에서 주택재개발사업과 주택재건축사업의 차이가 있다. 주택재개발은 현금청산자에 대해 강제수용권이 발생하나, 주택재건축은 강제수용권은 인정되지 않고 매수청구권만 인정된다. 주택재개발은 강제수용권이 발생하므로 「공익사업을 위한 토지 등의 취득 및 보상에 관한 법률」에 따라 개발이익이 배제되나, 주택재건축은 이러한 규정이 적용되지 않아 개발이익을 반영하지만, 미실현이익에 대해서는 반영하지 않는다.

주택재개발사업 구역 내 이해관계인의 입장 예

주택재개발사업 추진 일정
2010년 5월 재정비촉진계획 결정 고시
2012년 8월 조합설립인가

2018년 7월 시공사 선정
2020년 4월 사업시행인가 고시

위 도면은 사업시행인가 고시를 받은 주택재개발구역 내 일부를 표시한 것으로 대로변, 후면, 다세대 소유자의 입장을 예시한다.

일련번호	소재지	소유자	부동산 형태	현재 예상시가	예상 종전자산액
1	374-53	A	토지·건물	40억	36억
2	374-96	B	토지·건물	4억	3억 6천
3	374-97	C	토지·건물	4억 2천	3억 6천
4	374-101 201호	D	다세대주택	1억 5천	135백만 원

일련번호 2, 3은 토지면적 및 건물신축연도, 면적, 구조 등이 동일하여 예상 종전자산 금액은 동일하다. 다만, 일련번호 3은 건물 일부를 무허가로 증축한 부분이 있으며 이 부분 가격은 2천만 원 수준으로 예시한다.

재개발조합 및 시공사의 입장

10여 년간 추진해 온 재개발사업이 시공사 선정 및 사업시행인가를 받아 본격적으로 사업진행이 되니 그간의 고생에 다소 위안을 받는다. 앞으로도 분양신청, 현금청산, 관리처분 등 일련의 절차가 있지만 큰 문제 없이 신속히 진행하고자 노력한다. 재개발조합과 시공사는 한배를 탄 동지이지만 일부 분야에서 다소 입장 차이를 갖는다. 재개발사업의 규모는 몇천 억 이상 규모의 사업으로 재개발조합에서 토지를 제공하고 시공사는 재개발사업의 운영비 및 건축비 등을 부담하고 건축 후 분양을 통해 공사 대금을 회수해 나가는 구조이다. 재개발조합과 시공사는 사업 추진을 위해 서로 보완적 관계이나 일반 분양가 산정에서 입장 차이가 있다. 재개발조합은 일반 분양가를 높여 조합의 이익 극대화를 기대하나 시공자는 일반 분양가가 높아 미분양 되는 위험을 방지하기 위해 노력하기 때문이다.

소유자의 입장

대로변 소유자 A는 조합원으로 분양신청을 하더라도 조합원으로 발생하는 이익이 전체 부동산가격 측면에서 그리 크지 않으니 지금 상태로 그냥 월세를 받고 생활하기를 원한다. 조합추진위부터 반대를 하였지만 뜻대로 되지 않고 사업이 계속 진행 중에 있다. 최근에는 종전자산 금액이 시가보다도 낮게 산정되어 통보되었다. 낮은 종전금액에 화가 나 조합에 따지지만 종전자산 금액은 감정평가사가 결정한 사항이라 조합에서는 어쩔 수 없다고 한다. 답답한 마음에 딤딩평가사에게 연락하지만 종전자산 목적의 감정평기로 목적에 맞게 균형성 있게 평가되었다는 답변만 들었다. 앞으로 절차는 분양 신청하여 조합원으로 계속 남거나 현금청산을 선택하는 양자택일만 있다고 하나, 애초부터 조합원으로 갈 생각이 없었다. 종전자산 금액이라도 높게 나왔으면 하는데 이마저도 기대에 못 미치니 답답한 노릇이다.

소유자 A가 할 수 있는 상황은 안타깝게도 없는 것으로 보인다. 분양신청을 하지 않으면 현금청산자로 분류되며, 추후 현금청산자를 대상으로 현금청산

평가 목적으로 별도로 감정평가 된다. 이때 감정평가는 보상평가에 준하여 협의평가이며 이에 불복할 경우 재결, 이의재결, 행정소송의 절차를 거치며 보상금액이 높게 산정되기를 바랄 뿐이다.

소유자 B와 D는 재개발사업에 찬성하는 입장으로 부진하던 재개발사업이 진행되니 다행으로 생각한다. 사업이 신속히 진행되어 사업비용을 줄이고 일반분양가가 높게 형성되고, 분양되어 조합원 이익이 늘어나길 기대하며 사업이 잘 진행되기를 희망한다.

소유자 C는 기본적으로 재개발사업은 찬성이다. 하지만 우연찮게 종전자산 금액이 소유자 B와 동일하다는 걸 알게 되었다. 옥탑에 무허가건물을 지어 임대를 주고 있어 실제 거래되는 가격은 B의 소유 부동산에 비해 2천만 원 높은데 종전자산 금액이 동일한 것이 불만이다. 조합에 항의하니 종전자산은 건축물관리대장상 면적을 기준하며, 무허가건물은 현금청산을 할 경우에 포함하여 평가한다는 답변을 들었다. 다소 억울하기는 하나 조합원으로 예상 이익이 더 크다고 생각하여 분양신청을 할 계획이다.

세입자의 입장

재개발구역 내 예시된 소유자 외에 임대차계약을 체결한 상가 및 주거 세입자가 있다. 영세한 상가 영업권자는 재개발 진행에 따라 상권은 활성화되지 않고 점점 쇠약해져 영업이 힘들지만 지금 이전하면 영업보상을 받을 수 없을 뿐 아니라 새로 이전할 경우 이전에 따른 권리금 등이 발생하고 영업이 잘된다고 확신할 수 없어 고민이다. 빨리 영업보상을 받고 이전하였으면 한다.

주택재개발/주택재건축 주요 용어

추정분담금

추정분담금이란 정비사업을 시행하기 전에 총 분양수입 및 종전자산 가액, 예상비용 등을 추정하여 개인별 토지 등 소유자들에게 예상되는 분담금을 제공하여 소유자의 의사결정을 위한 참고 자료를 의미한다.

종전자산

종전자산 감정평가는 정비구역 내 개인 소유의 토지 및 건축물이며, 무허가 건축물의 경우 기존(특정)무허가건축물만 대상으로 하며, 사업시행인가 고시일을 기준시점으로 당해 사업에 따른 개발이익이나 개별적 공법상 제한사항을 배제하고 평가하되, 종후자산 가액, 총 사업비 등을 고려한 비례율 등을 참작하여 상호 균형성이 유지되도록 평가한다.

종전자산의 감정평가액은 종후자산의 규모, 각 소유자 간의 입장 등 복합적으로 이해관계가 형성되어 있어 절대적인 금액보다 상호 유기적인 관계에서 균형성이 중요한 요인이 된다.

종후자산

종후자산은 분양예정인 대지 또는 건축물의 추산액으로 분양신청 만료일을 기준시점으로 하여 설계도면 등을 참작하여 준공될 것을 전제로 한 조건부 감정평가이다.

비례율

비례율이란 재개발구역 내 사업완료 후 대지 및 건축시설의 총 추산액에서 총 사업비를 뺀 후 구역 내 종전토지 및 건축물의 총 가액으로 나누어 구한 율을 말한다. 사전에 사업성을 검토하고 조합원들이 재개발사업을 통하여 예상되는 사업완료 후에 분양받게 될 건축물의 분양평수 및 부담해야 될 비용을 예측할 수 있는 자료이다.

비례율 = (구역 내 사업완료 후 대지 및 건축시설의 총 추산액 - 총 사업비)
/구역 내 종전토지 및 건축물의 총 가액

비례율은 1을 기준으로 사업성을 판단하며 이는 사전 예측으로 산정되므로 절대적인 기준이 될 수는 없으나 사업시행자는 통상 비례율이 1에 수렴하는 것을 희망한다. 비례율은 예상되는 금액으로 산정하므로 사업진행 과정상 수시로 변경되나 사업이 완료되는 시점에 확정된다.

권리가액

권리가액은 조합원 소유의 부동산에 대한 확정 금액으로 종전자산 금액에서 비례율을 곱하여 산정한다. 조합원분양가에서 권리금액을 차감하여 추가분담금 또는 환급금을 산정한다.

주택재개발/주택재건축 비교

　재개발사업과 재건축사업은 기본적으로 정비사업구역 내 토지소유자 등이 각자의 재산을 출자하여 사업을 진행하는 방법으로 기본적인 구조는 같다. 정비기반시설이란 도로, 상·하수도, 공원, 공용주차장, 공동구, 녹지 등의 기반시설을 의미하며, 정비기반시설이 열악한 경우 주택재개발사업, 양호한 경우에는 주택재건축사업 형태로 진행된다. 현실적으로 단독주택이 밀집된 지역은 주택재개발사업으로 아파트나 연립주택단지의 경우 주택재건축사업으로 보아도 무방한 것으로 보인다.

　주택재개발과 주택재건축은 기본적 구조는 같지만 사업에 동의하지 않는 현금청산자와 관련된 감정평가에서는 큰 차이가 있다. 재개발은 정비기반시설이 열악한 구역에서 시행되므로 인근지역과 연계되어 주거환경 개선의 목적도 갖고 있는 것으로 보아 공공성이 인정되며, 재건축은 단순한 사적 이익으로 분류하는 것으로 보인다. 이러한 차이로 인하여 주택재개발의 경우 사업에 동의하지 않거나 분양신청을 하지 않는 토지소유자에게는 「공익사업을 위한 토지 등의 취득 및 보상에 관한 법률」에 적용하나, 주택재건축의 경우 미동의자에 대해 매수청구권만 인정되고 토지보상법이 준용되지 않는다.

주택재개발사업과 감정평가

주택재개발사업 기본적 추진과정

도시·주거환경정비 기본계획 수립 → 정비계획 수립 및 정비구역 지정 → 조합설립 추진위원회 승인 → 조합설립인가 → 사업시행계획인가 → 조합원 분양신청 → 관리처분계획인가 → 철거 및 착공 → 준공 및 입주 → 이전고시 및 청산의 절차로 진행되며 조합설립 요건은 토지 등 소유자의 3/4 이상 및 토지면적의 1/2 이상의 토지소유자의 동의가 필요하며 전체 사업기간은 10여 년 이상의 기간이 소요되기도 한다.

정비사업절차와 감정평가

정비사업의 일련의 절차상 필요에 의해 감정평가가 이루어진다.

	관련 감정평가	평가목적	감정평가업자 선정	감정평가 시기
기본계획 수립 정비구역 지정 추 진 위 원 회 승 인	추정분담금 산정 (컨설팅)	조합설립동의를 위한 개인별 추정분담금산정	감정평가업자 선정 (지자체 시스템)	추진위원회 승인 ~조합설립 동의
조합설립인가 사 업 시 행 계 획 인 가 신 청	*용도폐지 되는 정비기반시설 및 새로이 설치하는 정비기반시설	*용도폐지 되는 정비기반시설 - 무상귀속 *새로이 설치하는 정비기반시설 - 기부채납	조합- 2개 감정평가업자 선정	사업시행계획인가 신청 전
사 업 시 행 계 획 인 가 관 리 처 분 계획 수립·인가	*종전자산 *종후자산 *세입자 영업손실	관리처분계획 수립을 통한 조합원 분담(환급)금 산정	시장·군수·구청장 - 2개 감정평가업자 선정	사업시행계획인가 ~관리처분계획 수립 시까지
청산조합원보상 · 일 반 분 양	*현금청산 *영업손실보상	*현금청산 *영업손실 - 보상액 산정	조합 1인 시도지사 1인 소유자 1인 - 각각 감정평가 업자 선정	분양신청기간 종료일 ~관리처분인가일로 부터 90일 이내
	*과세목적	*일반분양 시 - 부가가치세 산정 *법인세 - 조합원 출자가액 산정	조합- 2개 감정평가업자 선정	*부가가치세산정 - 일반분양 모집공고 전 *법인세 - 분양수입연도 있는연도 말

추정분담금 산정

추정분담금이란 정비사업을 시행하기 전에 총 분양수입 및 종전자산 가액, 예상비용 등을 추정하여 개인별 토지등소유자들에게 예상되는 분담금을 산정하는 것을 말한다. 사전에 소유자의 의사결정을 위한 참고 자료이다. 추정분담금 산정은 감정평가법인에서 컨설팅 형태로 진행하거나, 일부 지자체에서는 추정분담금 시스템을 구축하여 추진위원회에 제공하고 있다. 조합설립 추진위원회 승인 이후 조합설립동의서를 징구할 시기에 산정한다. 용어에서 보듯이 추정분담금은 사업초기 대략적인 정보 제공을 위한 자료로 그 정확성에 대해서는 다소 의문이 있으므로 참고적 자료로만 활용된다.

추정분담금 시스템을 활용하여 산정하는 경우 총 분양수입, 종전자산, 총 사업비로 구성하여 산정한다. 총 분양수입은 사업 완료 후 분양예정아파트 및 근린생활시설 등에 대하여 인근지역 분양사례, KB시세, 실거래가격 등을 종합 검토 후 추진위 조합에서 입력하면 적정성 여부를 검토 후 승인한다. 종전자산가액은 각 필지의 개별공시지에 일정한 시세반영률을 보정하여 산정하며, 총 사업비는 법령에서 정한 기준 및 도내 관리처분인가를 분석하고 50개 항목으로 구분하여 자동 계산되는 금액과 설계·감리 및 시공사 선정 등 확정된 계약 금액이 있을 경우 직접 입력한 자료를 통해 산정한다. 지자체에서 제공하는 시스템을 활용하는 경우도 있으나 세부적인 내용 검토 가능한 감정평가사에 통해 진행하는 것이 일반적이다.

용도폐지 및 새로이 설치되는 정비기반시설 감정평가

주택재개발사업조합이 사업시행자인 경우, 정비사업 구역 내 새로이 설치한 정비기반시설은 국가 또는 지방자치단체로 무상 귀속하고, 정비사업 시행으로 용도 폐지되는 국가 또는 지방자치단체 소유의 정비기반시설은 새로 설치한 정비기반시설의 설치비용에 상당하는 범위에서 사업시행자에게 무상 양도된다.

아래에는 재개발사업이 진행되는 구역을 카카오맵으로 본 지도이다. 지도상 지적도와 향후 완공될 아파트 단지 배치도 등이 겹쳐져 있다. 지도상 기존 도로의 일부는 용도 폐지되어 향후 아파트 단지 부지로 활용되며 향후 설치될 정비기반시설 어린이공원 등은 신설되어 지자체에 귀속된다. 종전 국가나 지방자치단체 소유의 정비기반시설인 도로 등이 용도 폐지되는 금액과 사유지 중 기부채납 예정인 새로이 설치되는 정비기반시설의 금액을 비교하기 위하여 감정평가를 시행한다. 용도폐지 및 새로이 설치되는 정비기반 감정평가는 사업시행인가를 받기 위한 필수적인 절차이다.

국·공유재산의 평가

　도시정비구역 내 국·공유지는 사업시행자 또는 점유자, 사용자에게 우선하여 매각할 수 있으며, 사업시행인가 고시가 있은 날을 기준하여 시가를 기준하여 평가한다. 다만, 사업시행고시가 있은 날로부터 3년 이내에 매각계약이 체결되지 아니할 경우에는 국유재산법 및 공유재산법의 관계 규정에 따라 현재시점을 기준으로 시가를 산정한다.

국·공유재산은 해당 사업시행인가 고시일부터 용도가 폐지된 것으로 판단하므로, 현황 도로 등의 이용상황에도 불구하고 대지로 이용하게 될 것을 전제로 평가한다.

국·공유지를 개인이 점유하는 경우에는 국·공유지를 점유하고 있는 건축물소유자에게 우선 매각하고 점유자가 불하받기를 포기하거나 점유면적이 일정 면적을 초과하여 점유연고권이 인정되지 않는 잔여 국·공유지는 사업시행자에게 매각한다. 점유연고권이 인정되는 국·공유지는 공부상 지목에 구애없이 점유 건축물의 현실적 이용상황에 따라 평가하여야 하며 점유 건축물이 점유하고 있는 인접한 토지와 일단지를 기준하여 평가한다.

종전자산 감정평가

종전자산의 평가대상은 통상 정비구역 내 개인 소유의 토지 및 건축물이며, 무허가건축물의 경우 기존(특정)무허가건축물만 대상이 된다. 토지는 소유토지별 지적공부, 건축물은 소유건축물별 건축물대장 면적을 기준하며, 종물 및 부합물, 기타 지장물 등은 평가에서 제외된다. 기존(특정)무허가건축물이란 1989년 1월 24일 이전 무허가건축물로 분양대상자가 되는 무허가건축물이다.

감정평가시점은 사업시행인가 고시일을 기준하며 관리처분을 위해 평가한다. 평가기법은 토지는 공시지가기준법, 건물은 원가법, 집합건물은 거래사례비교법으로 일반적 평가방법과 동일하다. 산정된 감정평가금액은 소유자별 재산 출자금액의 성격을 가지고 있으며 종전자산 금액에 비례율을 적용하여 권리가액이 된다. 통상적으로 소유자들이 생각하는 금액에 비해 낮게 산정되는 경향이 있으며 이는 사업구조적 성격으로 앞서 설명한 바와 같다. 사업에 반대하거나 청산을 예정하는 분들의 경우 추후 그 청산을 목적으로 별도의 감정평가를 시행하여 결정함에도 상대적 박탈감은 클 수밖에 없다.

종전자산 평가에 대한 불복절차 규정은 없다. 경험상 소유자가 종전자산 금액에 대해 재개발조합에게 이의를 제기하면 재개발조합은 감정평가사에게 의견을 전달한다. 제시된 의견을 감정평가사가 검토하여 개인별 금액의 높고 낮음이 아닌 인근 부동산과의 형평성에 문제가 있다고 판단되는 등 불합리한 부분이 인정되면 변경이 가능하나 적정하게 산정되었으면 변경 없이 진행된다. 소유자가 추후 할 수 있는 절차는 종전자산 평가금액에 대한 소송은 제기는 가능하다고 보지만 그 적정성 또한 법원에 등록된 감정평가사가 감정평가를 시행하며 이 또한 균형성 측면을 고려해서 결정되므로 승소 가능성은 희박하다고 보인다. 종전자산 평가 중 한 소유자의 금액 변경은 전체 균형성 측면에서 변경되므로 전체 구역을 재평가하여야 하므로 그에 대한 부담도 상당하고 종전 평가금액이 불만이면 분양신청을 하지 않고 현금청산자로 선택하는 방안이 있기 때문으로 판단된다.

통상 재개발구역 내에 대로변에 위치하는 등 부동산의 가격이 큰 소유자의 경우 분양신청을 하지 아니하고 현금청산 하며 다세대주택 등 소규모 소유자의 경우 조합원으로 남는 경향이 있다. 이러한 판단기준은 일반분양분 가격과 조합원 분양가의 격차, 재개발사업의 개발이익 등이 기준이 될 것이다. 지역이나 시장상황에 따라 다소 차이가 있을 수 있으나, 소규모 부동산의 소유자일 경우 분양신청 후 조합원의 자격을 갖고도 매매가 가능하므로 분양신청 후 조합원의 자격을 유지하고 매매하는 것이 현금청산보다 유리한 것으로 보인다.

종후자산 감정평가

종후자산은 분양예정인 대지 또는 건축물의 추산액으로 분양신청 만료일을 기준시점으로 하며 설계도면 등을 참고하여 준공될 것을 전제로 한 조건부 감정평가이다. 감정평가의 기준은 공동주택은 사업시행자가 제시한 원가산출근거에 따라 건축계획에 대하여 건축물의 동별 위치·방향·층 및 용도 등에 따른 효용지수를 고려한 원가법에 의한 가격을 기준으로 하되, 인근 유사 공동주택의 비준가격 및 평형별 비율, 정상 사업이익, 근린생활시설 평가액과의 균형, 원가의 불확정성 등을 참작하여 가감조정을 할 수 있다. 공동주택 외 상가는 비교방식으로 산정한다.

　종후자산 가격에 따라 개발이익이 결정되나 종후자산 감정평가로 종후금액이 확정되는 사항이 아니며 실제 분양시점의 시장상황에 따라 결정된다. 따라서 종후 감정평가에 대한 개별 소유자들이 이의를 제기할 필요성은 없는 것으로 보인다.

보상평가(현금청산 및 영업보상)

　재개발사업구역 내 분양신청을 하지 아니한 자, 분양대상 제외자, 조합원자격 미달자는 현금청산을 시행한다. 이때 「공익사업을 위한 토지 등의 취득 및 보상에 관한 법률」을 준용하므로 앞서 설명한 보상평가와 동일하게 협의를 위한 감정평가가 시행되며 이에 대한 불복절차로 재결, 이의재결, 행정소송의 절차가 있으며 영업보상 및 주거이전비 등도 포함된다.

　종전자산 평가와 보상평가는 차이가 몇 가지 있다. 일단 기준시점에서 종전자산은 사업시행인가일이며 보상은 그 이후인 보상예정일이 된다. 또한 물건조서의 차이가 있다. 종전자산의 건축물 평가대상은 통상 건축물관리대장의 공부상 면적이나 보상평가는 공부상 면적보다 실측 면적이 우선되며, 불법 건축물이나 종물 및 부합물, 담장, 수목 등 실제 존재하는 지장물을 포함한다. 이 자체만으로 종전자산 평가금액에 비해 협의(보상)금액이 상승할 요인이 있다.

종전자산 평가와 현금청산(보상) 평가의 차이

구분	종전자산 평가	청산(보상) 평가
평가목적	관리처분계획 수립	현금보상액 산정
기준시점	사업시행인가 고시일	협의 계약체결일, 재결 수용재결일

평가대상	조합원 전체	미동의자, 분양신청 하지 않은 자 등 현금청산자
평가목록	토지·건물 공부상 면적 기준	토지 및 건물 현황 측량면적, 담장 등 지장물 포함
주요쟁점	조합원 간 형평성 및 균형성 중시	청산자 개인별 보상액 중시

과표산정용(현물출자)

정비사업 조합은 세법에 따라 비영리법인으로 분류되며, 비영리법인도 수익 부분에 대하여는 법인세와 부가가치세가 부과된다.

부가가치세는 면세되는 국민주택규모(전용면적 85㎡ 이하)의 공동주택을 제외하고는 건물 부분의 10% 수준으로 부과한다.

법인세는 일반분양 수입에서 일반분양한 그 부동산에 해당하는 공사원가와 관리비 등 비용을 공제한 과세소득에 세율을 적용하여 산정한다. 법인세 산정 시 당초 취득가격 측면인 조합원의 현물출자 가액이 높으면 과세소득이 낮아져 절세되는 효과가 발생한다. 조합원의 출자자산은 조합원으로부터 현물출자를 받은 날(현물출자 시점)이며, 조합설립인가 또는 현물출자 신탁등기 접수일이 기준이다. 그 출자가액은 출자일을 기준으로 평가한 외부 감정평가서가 있는 경우에는 그 가격으로 하되, 없으면 출자일 개별공시지가 등으로 평가하여 취득가격을 산정한다. 통상 개별공시지가 등을 적용할 경우 실제 거래되는 금액보다 낮으므로 현물출자 목적의 감정평가를 통해 산정하는 것이 유리하다. 현물출자 감정평가는 현금청산자를 제외한 조합원을 대상으로 평가 목록은 종전자산의 목록과 동일하나 평가금액은 기준시점 차이 및 평가목적 등을 고려하면 종전자산 금액에 비해 높게 결정된다.

주택재건축사업과 감정평가

재건축사업의 추진과정은 재개발사업과 유사하나 조합설립 추진위에서 안전진단을 통과하여야 조합설립인가가 된다. 재건축안전진단은 주택의 노후·불량 정도에 따라 구조의 안전성 여부, 보수비용 및 주변여건 등을 조사하여 재건축 가능여부를 판단하는 작업이며, 조합설립요건은 주택단지의 공동주택의 각 동별 구분소유자의 과반수 동의와 주택단지의 전체 구분소유자의 3/4 이상 및 토지면적의 3/4 이상의 토지소유자의 동의가 필요하다.

재건축사업과 감정평가 또한 주택재개발 감정평가와 유사하나, 현금청산 평가에서 차이가 있다. 주택재개발은 수용권이 발생되어 「토지보상법」에 준용되어 진행되나, 주택재건축사업은 수용권이 인정되지 않고 매수청구권만이 인정된다. 매수청구권이란 타인에게 재산 처분을 요구하는 권리로서, 주택재건축 매수청구권은 미동의자 등의 소유권을 사업시행자에게 매도 청구할 수 있는 형성권이다. 사업시행자는 주택건설사업의 계획승인을 얻은 뒤 3개월간 협의를 통해 매수하여야 한다. 3개월간 협의가 되지 않는 경우 협의가 종료된 날로부터 2개월 이내에 매도청구를 행사하여야 하며 2개월이 경과할 경우 매도청구권은 그 효력을 상실한다. 매도청구권은 실질적인 재산권 박탈에 해당하므로 엄격한 절차를 필요로 한다.

협의과정에 대해 구체적으로 적시된 사항은 없으나 3개월의 협의 기간에 사업주체와 소유자 사이의 구체적이고 실질적인 협의가 이루어져야 하므로 협의 금액 산정을 위해 감정평가사 선정은 사업시행자와 토지소유자의 추천으로 적용할 필요가 있다고 생각된다. 협의가 불성립하면 매도청구소송을 통해 결정되는바, 이때에는 법원에 등록된 감정평가사에게 배정되어 산정된다. 이때의 가격은 실현된 개발이익은 포함되어 개발이익 자체를 배제하는 주택재개발과 차이가 있다.

또한, 재건축사업은 토지보상법 자체가 적용되지 않으니 영업보상 및 주거이전비 규정이 없으나 최근 일부 지자체에서는 영업보상 등을 시행할 경우 용적률 상향 등의 인센티브를 제공하는 경우도 있는 것으로 알고 있다.

실제 정비사업구역 내 현금청산 관련 보상을 한 지역의 지적도이며 도로와 관련된 평가 사례를 기술한다.

실제 지적도면으로 도면에 보이는 부분의 일부 발췌하여 임의로 기재하면 아래와 같다.

일련번호	지번	소유자	지목	이용상황	면적(㎡)	비고	종전금액(원)
1	1108	A	대	건부지	70	조합원	95,000,000
2	1108-1	A	도	도로	5	조합원	5,000,000
3	1109	B	대	건부지	70	조합원	95,000,000
4	1109-1	길동	도	도로	5	청산자	5,000,000
5	1100	D	대	건부지	75	조합원	100,000,000
6	1113	E	대	건부지	70	청산자	95,000,000

7	1113-1	호동	도	도로	5 .	청산자	5,000,000
8	1114	G	대	건부지	75	조합원	100,000,000
9	1115	H	대	건부지	75	청산자	100,000,000

일련번호 1, 3, 6은 각각 일련번호 2, 4, 7인 도로로 일부 분할되었으며, 일련번호 1은 도로 소유자와 동일하나, 3과 6은 도로 소유자와 다르다. 일련번호 5, 8, 9는 도로로 분할되지 않은 토지이다.

먼저 2, 4, 7 도로는 기존 토지에서 분필되었는데, 이는 도로후퇴선과 관련이 있다. 80년대 신도시사업을 하며 주택단지 내 도로 폭은 3미터 수준으로 현재 건축 가능한 도로 폭 4미터에 미달된다. 이 지역 또한 도로 폭이 3미터 수준으로 조성되어 건물을 신축할 경우 4미터 확보를 위해 0.5미터 후퇴하여 분할된 경우로 보인다. 따라서 1, 3, 6은 기존 건물을 철거하여 신축 등을 한 경우이며 분할되지 않은 5, 8, 9는 당초 건축 이후에 별도의 행위를 하지 않은 경우이다. 또한 소유자의 측면에서 일련번호 1, 2는 기존토지와 분할된 도로의 소유자가 같으나, 일련번호 3, 4, 6, 7은 기존 토지와 분할된 도로의 소유자가 다르다. 기존 토지와 도로의 소유권이 같은 경우는 원소유자가 계속 보유하고 있거나 거래할 때 도로까지 같이 계약하여 소유권을 이전한 경우이며, 기존 토지와 도로의 소유권이 다른 경우는 분할 후 매매할 때 도로 부분을 등한시하여 도로 토지의 소유권을 넘겨받지 못해 도로는 종전 소유자가 소유권을 계속 갖고 있는 경우로 판단된다.

먼저 조합원으로 소유자 A, B의 종전자산 가액을 비교하면 A는 일련번호 1, 2를 포함하여 100,000,000원이나 B는 95,000,000원으로 차이가 있어 B는 도로 금액만큼 손해를 본다. 현금청산자 E, H 또한 종전자산 가격이 95,000,000원, 100,000,000원으로 차이가 있으며, 향후 보상평가를 시행하더라도 소유자 E는 도로에 해당하는 금액만큼 손해이다. 조합원 요건에 해당되지 않는 도로 소유자 길동, 호동은 도로에 해당하는 보상금을 지급받는 행운이 발생한다. 실제 정비구역 내 도로 보상액으로 몇천만 원 넘게 지급된 경우도 있으니 우습게 볼 사안은 아니다.

부동산을 매매할 경우 이처럼 지적도상 도로후퇴선으로 인한 도로 등이 있으면 매매 목록에 포함하여 진행하는 것이 서로 합리적이라 생각한다. 도로를 소유하고 있더라도 도로는 비과세대상으로 재산세는 부과되지 않는다.

도로의 종류

도로의 종류에는 「도로법상」 도로 및 「농어촌 도로 정비법」에 의한 도로, 「공간정보의 구축 및 관리 등에 관한 법률」에 의한 도로, 「사도법」에 의한 사도, 「건축법」에 의한 도로가 있다. 「도로법상」 도로는 불특정 다수의 통행을 위해 국가나 지방자치단체가 설치하며 유지·관리도 설치자가 한다. 여기에는 고속국도, 일반국도, 특별시도·광역시도, 지방도, 시도, 군도, 구도가 있다. 「농어촌 도로 정비법」에 의한 도로는 농어촌지역 주민의 교통 편익과 생산·유통 활동 등에 공용되는 도로로 면도, 이도, 농도가 있다. 「공간정보의 구축 및 관리 등에 관한 법률」에 의한 도로는 토지지목을 기준하나 지목이 도로라 하더라도 실제 이용상황이 도로가 아닌 경우도 있으며, 지목이 도로가 아니더라도 실제 이용상황이 도로인 경우도 있으므로 지목에 따른 도로를 기준하여 실제 도로를 판단할 수는 없고 현황을 기준으로 도로를 판단한다. 「사도법」상 도로는 「도로법」 및 「농어촌 도로 정비법」 도로 이외의 도로를 말하며, 「건축법」상 도로는 건축행위를 하기 위한 도로의 조건으로 건물을 신축할 때 중요한 요소가 된다.

「건축법」상 도로의 요건

「건축법」상 "도로"란 보행과 자동차 통행이 가능한 너비 4미터 이상의 도로(지형적으로 자동차 통행이 불가능한 경우와 막다른 도로의 경우에는 대통령령으로 정하는 구조와 너비의 도로)로서 다음 각 목의 어느 하나에 해당하는 도로나 그 예정도로를 말한다.

　가. 「국토의 계획 및 이용에 관한 법률」, 「도로법」, 「사도법」, 그 밖의 관계 법령에 따라 신설 또는 변경에 관한 고시가 된 도로

　나. 건축허가 또는 신고 시에 특별시장·광역시장·특별자치시장·도지사·특별자치도지사(이하 "시·도지사"라 한다) 또는 시장·군수·구청장(자치구의 구청장을 말한다. 이하 같다)이 위치를 지정하여 공고한 도로로 규정하고 있다.

「건축법 시행령」 제3조의 3(지형적 조건 등에 따른 도로와 구조와 너비)

　1. 특별자치시장·특별자치도지사 또는 시장·군수·구청장이 지형적 조건으로 인하여 차량 통행을 위한 도로의 설치가 곤란하다고 인정하여 그 위치를 지정·공고하는 구간의 너비 3미터 이상(길이가 10미터 미만인 막다른 도로인 경우에는 너비 2미터 이상)인 도로

　2. 제1호에 해당하지 아니하는 막다른 도로로서 그 도로의 너비가 그 길이에 따라 각각 다음 표에 정하는 기준 이상인 도로

막다른 도로의 길이	도로의 너비
10미터 미만	2미터
10미터 이상 35미터 미만	3미터
35미터 이상	6미터(도시지역이 아닌 읍·면 지역은 4미터)

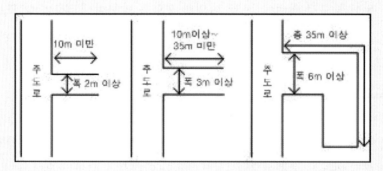

막다른 도로 내 토지를 매입하여 개발할 경우 막다른 도로의 길이에 비해 도

로의 폭이 미달되면 도로후퇴선이 발생하여 토지의 지적면적에 비해 건축할 수 있는 대지면적이 줄어들므로 이에 유의하여야 한다.

참고적으로 「건축법」상 도로는 지목과 소유자와는 무관하며, 보행도 가능해야 하므로 고속도로, 고가도로, 자동차전용도로 등은 해당되지 않는다. 예정도로를 포함하나 건축물 준공 시까지 건축법상 도로가 준공되지 않으면 건축준공허가를 받지 못한다. 또한 건축물의 용도와 규모에 따라 요구하는 너비가 차이가 있으며, 종전부터 취락지구를 형성하거나 사찰, 읍 미만의 지역 등에서는 4미터 미만이더라도 건축허가가 가능한 경우도 있는 등 획일적이지 아니하므로 건축허가 등을 진행할 경우 도로 충족 여부는 개별적 상황에 따라 허가권자에게 구체적으로 확인해야 한다.

개발행위허가와 건축법상 도로의 차이

개발행위허가는 「국토의 계획 및 이용에 관한 법률」에 근거하며 계획의 적정성, 기반시설의 확보 여부, 주변 환경과의 조화 등을 고려하여 개발행위에 대한 허가여부를 결정한다. 이는 난개발을 방지하기 위한 제도로 현재의 용도에서 다른 용도로 변경할 경우 개발행위허가의 대상이다. 개발행위허가는 진입도로, 수도, 경관 등의 기반시설에 중점을 두고 있으며 건축법에서는 용도와 용적률, 건폐율, 주차장, 도로 등의 적정성을 검토한다. 개발행위허가를 위한 진입도로는 「건축법」상 도로와 달리 완화규정이 없으므로 「건축법」상 도로에 비해 엄격하다. 토지의 공부상 지목 외의 개별적 상황이 동일하더라도 개발행위허가가 필요 없는 지목 "대"가 "전"이나 "답", "임야" 등에 비해 활용 가능성이 높으며, 가격 수준 또한 높게 형성된다.

개발행위허가를 위한 도로조건과 건축을 위한 도로조건은 서로 차이가 있으므로 별도로 확인하여야 한다.

도로의 감정평가 방법

도로 자체 토지에 대한 감정평가 규정은 「공익사업을 위한 토지 등의 취득 및 보상에 관한 시행규칙」 제26조에 규정하고 있으며, 「사도법」에 의한 사도의 부지는 인근토지에 대한 1/5 이내, 사실상 사도의 부지는 인근토지에 대한 1/3 이내로 규정하고 있다. 사실상 사도는 도로개설당시의 토지소유자가 자기 토지의 편익을 위하여 스스로 설치한 도로, 토지소유자가 그 의사에 의하여 타인의 통행을 제한할 수 없는 도로, 「건축법」 제45조에 따라 건축허가권자가 그 위치를 지정·공고한 도로, 도로개설당시의 토지소유자가 대지 또는 공장용지 등을 조성하기 위하여 설치한 도로를 말한다. 「사도법」상 사도는 2013년 이전에는 별도의 사도관리대장이 없어 사실상 사도와 구분이 현실적으로 어려운 실정으로 사도관리대장상 사도가 아니면 사실상 사도에 준하여 평가하고 있다.

이 규정은 보상 목적 외에도 경매, 공매, 자산재평가 등 일반시가를 목적으로 도로를 감정평가 하는 경우 인근토지의 1/3 이내로 동일하게 적용되고 있다. 다만, 담보 목적의 도로는 평가금액에서 제외되지만 진입로 확보 등 주 담보물에 중요한 영향을 미치므로 주 담보물에 같이 포함되어 근저당을 설정한다.

계획시설 도로에 저촉되는 토지는 보상의 경우 이는 개별적 제한사항으로 제한이 없는 상황을 기준하나, 그 외 평가에는 제한상태를 감안하여 통상 30% 정도 감액하여 평가하거나 평가에서 제외하고 있는 실정이다. 국·공유지 소유의 도로를 매각 평가할 때는 이미 도로의 기능을 상실하거나 용도폐지를 전제로 매각하므로 인근도지의 이용상황을 기준하어 평가한다.